U0906555

总策划、总主笔、主摄影　沙德安

外　　联　李　斐　来连珠　何惠平　谢　艳　刘颐君

采访助理　宋　立　叶健宁　沙　金　徐　文　沙永安
　　　　　吴嘉纬　丁志佳　叶倩雯　孙惠惠　朱凤娟

策划运行　叶志杰　沙长安　俞　震　蒋　微　易三桂
　　　　　丁兴华　韩燕菁　沙　汀　李兰英　赵显军
　　　　　余银芳　金玉琴

本书互联网阅读平台：

浙江大学官网（求是新闻网）：http://news.zju.edu.cn
浙江师范大学官网（新闻网）：http://news.zjnu.edu.cn
浙江警官职业学院官网（校网）：http://www.zjjy.com.cn
浙江中医药大学官网（新闻网）：http://news.zcmu.edu.cn/default.html
浙江农林大学官网（校网）：www.zafu.edu.cn
中国美术学院官网（校网）：www.caa.edu.cn
浙江科技学院官网（校网）：http://www.zust.edu.cn
浙江音乐学院官网（校网）：www.zjcm.edu.cn

欢迎垂询本书内容　电话：0571-87517885
　　　　　　　　　邮箱：280252897@qq.com

（本书部分图片及素材由被采访者提供）

序

我们正处在一个伟大的时代，而伟大的时代需要伟大的精神，这种精神蕴藏与体现在一大批先进人物之中。

在我们党领导人民群众进行革命、建设和改革的各个历史时期，涌现出了无数英雄和先进人物，他们是人民群众中闪光的群体，是国家的精英，是民族的骄傲，也是时代的符号，他们，始终是引领着社会不断前进的标杆。

2018 年，改革开放 40 周年；2019 年，新中国成立 70 周年；2020 年，全面建成小康社会；2021 年，中国共产党成立 100 周年；2035 年，基本实现社会主义现代化；2050 年，全面建成社会主义现代化强国……这些时间节点，标注着历史前行的足迹，让人心向往之，行亦趋之。

在这一大有可为的历史机遇期，我们面对一个空前广阔的时代，整个世界正在我们面前展开；面对一个空前激荡的时代，风云际会中孕育无数可能与希望；面对一个空前厚重的时代，经济增长、技术进步、制度创新叠加起改变历史的力量。时代潮流，浩浩荡荡，唯有弄潮儿能永立潮头；历史车轮，滚滚向前，唯有奋斗者能乘势而上。

本书汇集了浙江科技、工商、机关单位、教育、艺术等领域的 30 多位精英人物，通过深入细致的采访和对人物特质的定位把握，通过鲜活、生动、精彩又给人感悟的案例，从一个独到的角度展现了中国特色社会主义建设中浙江人民所迸发出的热情。作为新时期祖国繁荣昌盛“浙江坐标”之缩影，书中描写的他们，始终接地气、扬志气、壮豪气。他们的事迹证明：所有人都拥有机会平等的舞台，每个有创业愿望的人都能用诚实劳动赢得尊重和信赖，都享有人生出彩、梦想成真的机会。

展望未来，干在实处永无止境，走在前列要谋新篇，勇立潮头方显担当。新征程上的每一步新跨越，将是对历史最动听的呼应。只要我们不懈地努力，一切美好的东西都能够创造出来。

是为序。

中共浙江省委宣传部原常务副部长

浙江省中国特色社会主义理论体系研究中心主任

浙江省生态文明研究中心主任

浙江省人民政府咨询委员会特邀委员

2019 年 4 月

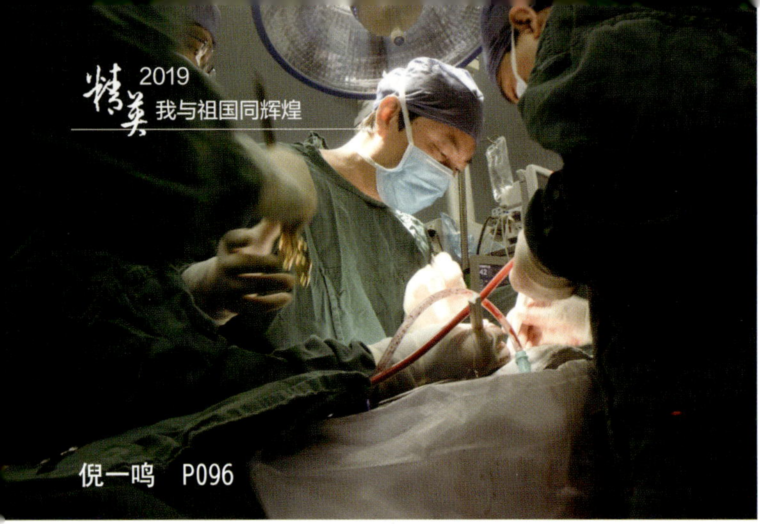

倪一鸣　P096

牟水法　牟剑青　P018

吴建荣　吴伟　P046

张宏保　P036

杜如松　P042

陈乃科　P030

林典誉　P060

黄建明　P082

目录

杨文采 成就得益于科学思维

人物名片：

杨文采，广东大埔人，地球物理学家，中国科学院院士，中国大陆科学钻探主要参与者，现任浙江大学地球科学学院教授。

1964 年毕业于北京地质学院地球物理勘探系，后进入原地质部地球物理探矿研究所从事固体地球物理学研究。1981 年公派赴加拿大麦吉尔大学进修，考取该校地质科学系研究生，1984 年取得麦吉尔大学地球物理专业博士学位。学成回国后任原地质矿产部北京计算中心高级工程师，同时应聘在北京大学和同济大学讲授"地球物理反演方法"研究生课程。1992 年调任中国地质科学院地球物理地球化学勘查研究所所长，创办国家现代地质勘查工程中心并兼第一任主任。1996 年调任中国地质科学院地质研究所研究员，后任中国大陆科学钻探工程中心副总指挥、地球物理子工程负责人。1997 年兼任中国地质大学（北京）教授和博士生导师。2005 年当选为中国科学院院士。2008—2013 年曾任第十一届全国政协委员（科技界）。2017 年 3 月到浙江大学任教。发表专著 10 部（其中英文 2 部），论文 200 余篇。

在现实生活中，人们常常以世俗的眼光来判断一个事物的有用和无用，庄子却说，境界的大小决定了对事物的判断，站在国家和时代的境界上，就可能会看到天生我材必有用。而学会以科学思维的方式去认识世界，就可能走向人生的成功。

杨院士认为，对从事科学研究的人而言，能否取得成就的关键在于是否具有科学思维。人生苦短，要想为人类共同的知识宝库添砖加瓦很不容易，没有科学思维的指引，知识创新可能无从谈起。

杨院士在近 60 个年头的科研岁月里，最为国内外学者所称道的学术著作是 1989 年出版、1997 年再版的专著《地球物理反演的理论与方法》。作为地质学和物理学结合的基石，"反演"理论更注重优化思维的开拓。杨院士解释说，我们平时看到的地球演变过程（这一过程称为"正演"），可以用物理数学模型来进行描述。但在很多现实情况中，由于时间的不可逆，研究者所能观察到的通常只有自然演变过程的最后结果。所以，为了尽量真实地还原自然演变过程，研究者只能通过观测得到的数据，利用物理方程进行多种地球模型的构建和全球比对，使观察到的数据与理论模型计算得到的数据之间的偏差达到最小。这一过程就是“反演”。

杨院士发展了地球物理反演系统理论与新方法，成功地指导了黄河小浪底水利枢纽工程地下电站基础的层析成像，计算出了准确的波速层析图，为地震层析成像在工程勘查中的应用做出了示范。当丰满水电站大坝出现病害，针对传统地震 CT 算法的缺陷与工程地震的特点，杨院士研究出改进的反演算法用于大坝病害检测，圈定了大坝病害的范围。他还为长江口的上海排污管出现破裂做出了反映破裂程度的层析图，参与了冀东油田储层跨孔地震层析追踪、北京机场高速路立交桥桥墩质量监测等一系列疑难工程。

所谓“反演”就是一种逆向思维。杨院士认为，自然是各态遍历的，要考虑演化的各种可能性，探索新的研究方向。当主流朝着一个习惯的思维模式思考问题时，搞科研最好不要随大流，要特别注意逆向思维，这样才能敏锐地抓住“新苗头”，从问题的相反一面深入地进行探索。逆向思维最宝贵的价值，是它对常规认识的挑战，是对事物认识的阶跃性深化。不过，不管正向思维还是逆向思维，都要以事实为根据，立足于精准的观测数据。

谈及至今仍被广泛应用的“反演论”和相关地球信息提取理论研究时，杨院士摆摆手：“这是我 20 年前研究的领域了，理论已经不新了，但这么多年来，其中强调的科学思维模式却仍未过时，它还在不断向更为广泛的研究领域开拓。”

杨院士指出，在城市化发展的大趋势下，人类的个体生存空间被不断压缩，尤其在沿海城市，为何不考虑利用未开发的地下空间来跨越城市建设的发展瓶颈，改善人类生活呢？这也是杨院士目前正在着力研究的“华南丘陵地区地下空间侦查”项目，他希望充分利用和优化自己这么多年来研究的地球科学理论，为改善人类生活环境而做出更多更有效的努力。

反观我们自身，一个人是不是一定要循规蹈矩、按照程序、按照规则去设计自己呢？人的成长其实也应该是一个不断自我优化的过程。

杨院士表示，这一优化思维与研发人工智能的核心思想相通，就目前来看适用于许多方面。比如，生产需要考虑的最优解是成本的最小化，教育需要考虑的是如何最大限度地满足社会发展中人才培养的需求等。从全球科技发展的趋势来看，不需要创新和思考能力的工作终将被人工智能技术取代。而中国传统的应试教育，虽然在培养学生的模拟思维和知识水平上有优势，但同时也弱化了新一代人的科学思维和知识创新能力，需要在教材、教学方式等各方面关注“最优解”。

杨院士有多年国外留学和访问的经历，对东西方思维模式的差异有很深的感触。他将自己所获得的科研成果与平和心境，归功于对中国传统儒家文化的传承和对西方科学思维观念的吸收。当谈到如何应对中西方观念冲突时，杨院士分享了自己的亲身经历。在读研的时候，他曾与同学就某一问题的看法产生分歧，当时对方说的话对他影响至深：“你认为如何，等于零，没有用；你要证明如何，等于百分之百。”这句话让他认识到科学思维和理性证明的重要性，甚至完全改变了他后来的研究方式和风格。

“海纳百川，有容乃大”，当杨院士回忆起自己多年来的人生历练时，最感慨的莫过于此。杨院士年轻时就喜爱文学，他说看书的精髓在于猜测和理解，只有真正明白作者是怎样想的，才能领会作品具体要表达的思想。尽管文学与物理科学看似毫不搭边，但学习文科过程中培养的思辨能力却让杨院士在遇到理科问题时有了更多不同看法。比如，学习微积分为什么要先讲极限、连续，再讲导数？因为科学家在发现定理的过程中，都要遵循严格推演的逻辑思路。因此，教学过程中，杨院士总在强调：比起熟背公式做对题目，更重要的是通过个人思考来发现前人理论研究中的思维脉络，逐渐学会科学思维。

有道的人追求境界高低，不一定追求“有用”。知识都是有用的，都是值得学习的。对某一个人看来“没有用”的知识，却完全可能改变另一个人的命运。

在杨院士的身上，我们能看到他投身科研事业数十年如一日的坚守，能看到他为祖国培养

优秀人才的呕心沥血，能看到他阅尽千帆后生发的心灵积淀。

作为新中国培养的第一批地球物理学学者，杨院士已年逾古稀。2017 年 3 月，在他杭州籍夫人的协助下，他全职加盟浙江大学地球科学学院，决心将自己的一腔热血投入中国的教育事业，为培养更多地球科学领域的高尖端人才贡献自己的力量。杨院士办公室的墙上挂着他的部分荣誉，年纪轻轻时他就已著作等身，在国际地质学研究方面有一定的影响力。对于自己获得的这些成就，他虚怀若谷："我遇上这么好的时代，我必须倍感珍惜，珍惜我的时间，珍惜我的机遇。"

翻开珍藏多年的信封，杨院士谈起了与周恩来、温家宝、李克强总理及吴学谦副总理近距离接触的往事。他说，尽管 50 多年的科研历程中有许多坎坷，但他衷心感谢这个伟大的时代，是祖国和人民要实现四个现代化，是英明的改革开放政策，是党和国家领导人对知识分子的关怀，给了他坚持开拓未知的勇气和动力。回顾出国留学和参加国际大陆科学钻探顾问委员会的往事，杨院士内心充满无限感激。若没有党和政府对科学教育的大力支持，他将失去接触顶尖科学家和参与最前沿科学研究的宝贵机会，而这些机会对他后来研究方向的改变产生了不可磨灭的巨大影响。

学生们乐于把杨院士比作指路明灯，寓意教授引领一代又一代年轻人开辟浩瀚未知的领域，不仅是学术上的，更是人生意义上的启蒙。

宋卫平 为了“仁爱、求真”的理想教育

人物名片：

宋卫平，生于浙江绍兴嵊州，毕业于原杭州大学（现浙江大学）历史系，绿城集团创始人，绿城集团董事会联席主席，蓝城集团董事长，绿城教育集团创始人、董事。

每年11月初，是育华最热闹的时候，始于2004年的国际文化节不仅是在校师生的盛会，更吸引了来自世界各地多所优质兄弟学校的光临。同时，这也是育华毕业生们回校欢聚的日子。

国际文化节的前身，只是普通的秋季运动会。但是，育华想给学生的，不仅仅是一场运动会。把这场盛会全权交给学生们自己去办，既能调动更多人的兴趣，又锻炼了学生们的各项能力。正因如此，但凡深度参与过文化节的毕业生，总是对此念念不忘。

把文化节交给学生去办，只是育华办学理念的一个缩影。育华想要的，是给每个学生提供施展特长和才华的舞台，通过学校教育使更多孩子受益。

绿城集团创始人宋卫平先生就将自己的成功归于教育的恩惠，所以他说：“有能力时，希望办教育，让更多的人受益。”

回馈社会的初始情怀

1993年1月，杭州市政协之友联谊会的老教育工作者为满足社会对教育的需求，创办了开展初中教育的育华学校。经过全校师生的艰苦努力，学校取得了优异的成绩。1996年，第一届毕业生在中考中取得了名列前茅的佳绩。但此时育华学校的校舍依然是借来的，聘请的也是退休教师，资金不足严重限制办学。若无外援，学校难以持续发展。

绿城房产公司自1995年诞生后，陆续在杭州开发了几个关注度颇高的房产项目，有了不多的利润。此时的宋卫平董事长和他的创业团队，一直希望办教育回馈社会：“教育是绿城的归宿事业，是绿城作为企业以及作为一群有着理想主义情结的人所着力开拓事业的动机、目的和理由。”

1998年，在有关方面的协调下，绿城集团收购了育华学校。为办好学校，绿城在文一西路征地250亩，建起了风格别致的校舍。2002年，杭州绿城育华学校正式

迁入文一西路新校区。

“仁爱、求真”的价值追求

绿城办学之举得到了宋卫平先生的老师杨招棣先生的大力支持。办学之初，绿城教育就鲜明提出，要办一所“不一样”的学校。这种不一样，主要体现在，绿城教育的目标是培养“具有理想精神、健全人格、深厚文化素养和高度责任意识的公民”。绿城教育的校训是“仁爱、求真”。

“仁爱、求真”是在杨老师指导下，比对了数百个中外名校的校训，认真思考后确立的。杨招棣先生亲笔题写，勒石为铭，为绿城教育定义了“校魂”。“仁爱”是核心词，源自中国传统的儒家学派，“仁”是儒家伦理的核心，“爱”则是教育的核心价值，教育应该是有温度、有爱心的。这个爱不是普通的爱，而是以仁为核心的仁爱，这是充满人文主义情怀的教育价值观。绿城教育在实践中引导全体教职员工忠实践行“仁爱、求真”的核心理念，传递社会正能量；尊重学生身心发展规律，明晰各学段学生发展与培养目标；注重学生的人格塑造，全人培养；既关注学生的当下，更关注学生的未来，关注学生的一生。

“教育的首要问题，是培养怎样的人的问题，而不是仅学一点知识技能、刷刷题考点分。”老宋经常这样说。贯彻落实“仁爱、求真”的校训，就是要认真落实社会主义核心价值观，把“富强、民主、文明、和谐、自由、平等、公正、法治、爱国、敬业、诚信、友善”这一价值基因通过教育、管理、服务的各个环节根植入每一个绿城育华学子的文化基因，为国家现代化建设培养一批又一批具有现代思想情怀的人。“没有人的现代化，就没有国家的现代化。”老宋说。

坚持“仁爱、求真”的教育理想，很大程度体现在“以人为本”上。坚持“以人为本”，就是在办学中尊重和发挥广大教育管理者、教师和学生的作用，办“目中有人”的教育。在教育实践中，如果校长不是目中有师生，只是“目中有权”，老师只是“目中有分”，学生只是“目中有题”，教育举办者只是“目中有钱”，那我们的教育一定是可悲的。

如宋董所言：“教育并非仅仅是为学生以后适应社会所做的一个准备，它是人生经历的必修课，是生命周期里最重要的内容，是生命的主脉络。”

发展至今，绿城教育一直坚守初衷不变。有很多别人怕麻烦不敢做或者对成绩没好处不愿做的事，绿城教育一直坚持做。如每年拿出一周时间，让学生进行社会实践，安排学生去父母亲工作的单位体验，鼓励学生去做义工、去野外拓展露营；在校园里开各种选修课程，从木工、酿酒、雕刻到各类小语种，甚至开过泰语课、瑞典语课、西班牙语课；组织学生去国外考察游学，也带学生去山区的学校结对，去农场劳动；等等。

二十年耕耘的累累硕果

“绿城 + 育华”的品牌结合，使学校自此进入跨越式发展。2004 年，绿城育华教育集团成立。学校规模逐步扩大，社会美誉度逐步提高，被市政府表彰为首批“杭州名校集团先进单位”。绿城教育逐步发展成为全国一流的非营利性民办教育集团，办学条件得到很大改善，不仅改善了学生的学习环境，同时也改善了教师的工作条件。

“教师是教育工作的重点与核心，吸引优秀人才，创造良好的事业平台，花再大的成本和代价，也要确保他们的生活条件、工作条件和学习成长的条件。”宋董如是阐述教育理念和要求。

办学 20 年以来，绿城从不求回报，所得利润全部用于改善教职工福利待遇，用于教师的继续学习和改善办学条件。

目前，集团拥有特级教师 10 多名，中小幼高级教师百余名。近 3 年获得国家级和省市区级学科带头人、教坛新秀、优秀教育工作者等称号的共计 390 余名，逐步形成了一支数量充足、结构合理、业务精良、师德高尚的教师队伍，以此推动绿城教育的持续健康发展。

绿城教育从最初的一家民办初中，发展到现在已拥有 24 个教育教学单位，含中小学 7 所（其中托管 1 所）、幼儿园 16 所（其中托管 1 所）、培训中心 1 所（与培训学校合署办公），集学前、小学、初中、高中、职业教育、非学历教育培训一体化的办学格局。

集团高度重视办学品质，各单位教育水平均走在同类学校前列。育华高中被誉为浙江省课改的“排头兵”。2018 年高考本科上线率为 96.2%，其中一段上线率为 51.6%，国际项目班海外

高校录取率为 100%，海外名校录取率（美国 TOP 50）为 60% 左右。育华初中部是杭州市义务教育阶段深化课程改革试点单位，2018 年全校中考平均分超过全市平均分约 20 分，优质高中录取率为 75% 左右。小学段在各区统测中持续处于高位水平，位列前茅。足校为绿城足球俱乐部及各级国字号球队输送小球员，球员们在各类比赛中成绩优异，多次跻身全国赛前三或夺得省赛冠军。2017 年，校队代表浙江省参赛，获第 13 届全运会亚军。学前教育以品格习性养成、婴幼儿社会化情绪能力培育为抓手，以关注幼儿早期品格习性养成、早期语言发展及健康体格为特色，实施 “品格、健康、艺术、智慧” 四大课程群，培育能融入未来社会和时代的孩子。

“多元兼容，开放办学” 是绿城教育的另一亮点与特色。集团各单位先后与德国、美国、英国、加拿大、新加坡、新西兰、印度、西班牙、日本、韩国等 15 个国家和地区的 40 所一流学校建立友好关系。每年，共有将近 2000 名师生参与互访、培训等交流活动，集团国际化程度进一步提高。杭州绿城育华学校连续三年获得杭州市直属学校外事工作评比第一名。2014 年，通过英国寄宿学校联盟（BSA）审核，和伊顿公学、哈罗公学等顶尖名校一起成为了全球寄宿学校联盟会员学校。2015 年，成为中美 “千校携手” 首批 21 所示范学校之一。2016 年，成为全球首个被授予 “国际教育认证学校（CIS 国际认证）” 证书的非英语国家的学校，为国内教育国际化提供了范例。

中小学及学前教育的办学成果得到了社会及家长的广泛好评和热捧，各校（园）招生情况持续火爆。1993 年创校至今，已为社会培养了 24000 余名毕业生。

“我并非把学校当作一个企业，想从中获得利润回报，我从未想过从教育上赚一分钱。” 宋董认为，教育是一项非常神圣的事业，应该作为绿城的归宿事业，办企业赚钱的目的就是为了办教育。教育使人类社会得以进步、发展，使人有想象力，有丰富的精神世界。“再过十年，二十年，看看能不能把绿城教育办到世界水平。”

卓鹤君 传统意蕴的现代构架

人物名片：

卓鹤君，中国美术学院教授，博士生导师。

卓鹤君先生的山水画以抽象的现代性著称于世，这种抽象性，正如卓鹤君所说，和他的宇宙的图像有关。

在西方，宇宙的图像通常是借助人的图像来实现的；在中国，则往往是山水，不过，它是一种人为的山水，而不是一种有如照片那样的具体而微的小宇宙。因此，在山水画家的笔下，或峰峦岿崎，或重汀绝岸，或林垠岑翳，景致总是随着画家的风格而变形，随着画家的梦幻与憧憬而转换的。卓鹤君所展现的山水，亦是其怀抱的衍伸，不过他却能把它们表达得足堪比拟真实，并且自成一局。

卓鹤君的独到之处在于，他既没有按照通常的教义，认为艺术是生活的模仿，离形去智，仅凭观察去模山范水，也没有单纯地扃门谢客，燕坐静室，独契独觉，闭迹山水。从某种意义上，他是把特纳和康定斯基结合了起来，并赋予东方的眼光。他不仅以其特殊的雅意和感情，削减迹象，侔色揣称，以保留可见世界的种种实相，而且同时又用抽象的笔墨暗示了那视之无形但永远透过自然万象随处显现的实在所得的感受。

（节选自范景中《卓鹤君的山水世界》）

春雨红楼（2006 年 148.5cm x 143cm）

红装素裹(2007 年 69.5cm x 153cm)

百丈窥重泉(1997 年 140cm x 69cm)

山里的杏花开了(1997 年 72cm x 69.5cm)

清秋 (2001 年 71cm x 141cm)

春晚绿野秀 (1997 年 142cm x 210cm)

巴陵无限酒，醉煞洞庭秋 (2008 年 97cm x 220cm)

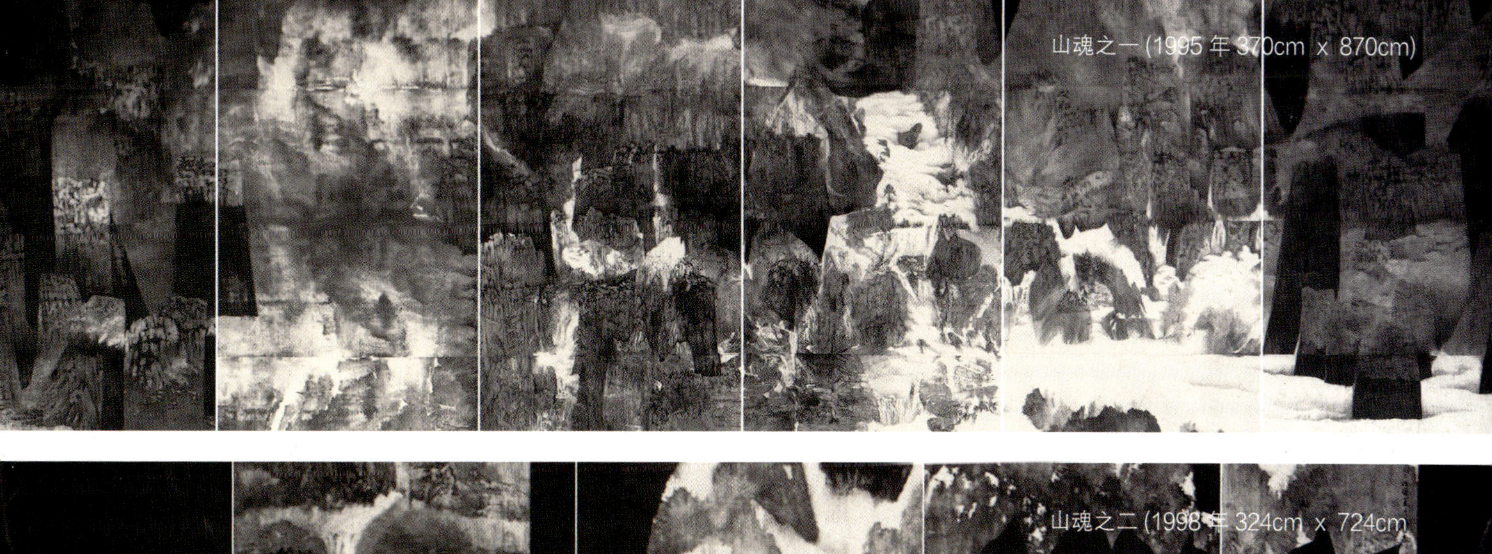

山魂之一 (1995 年 370cm x 870cm)

山魂之二 (1998 年 324cm x 724cm

牟水法与牟剑青　父子俩的神州毛纺发家经

人物名片：

牟水法，现任浙江省毛纺织行业协会副会长、浙江省中小企业协会副会长，浙江神州毛纺织有限公司党委书记、董事长，《共产党员》封面人物。曾荣获省劳动模范、全国优秀乡镇企业厂长、省优秀企业经营者、省企业出口创汇先进工作者、嘉兴市优秀共产党员等称号。

曾任嘉善县政协第七届委员，嘉善县第十届、第十一届、第十二届、第十三届、第十四届、第十五届人大代表，中共嘉善县第十一次、第十二次、第十三次、第十四次代表大会代表。

由他主持研发的省级新产品多次荣获中国纺织工业联合会科技进步奖，嘉兴市人民政府、嘉善县人民政府科技进步奖；企业被评为国家高新技术企业、省创新型示范企业，2010—2016年度中国纺织服装企业竞争力500强企业；公司党委2000—2017年度荣获县（市）先进党组织称号。

牟剑青，现任中国毛纺织行业协会理事，中国纺织工业企业管理协会（中国纺织企业家联合会）常务理事，嘉善县罗星街道商会理事，浙江神州毛纺织有限公司副董事长兼总经理。

可以说，传统制造业大多处于产业链的低端。自主创新能力不足，核心技术由国外引进，直接导致了制造业的利润低下。因此，在互联网浪潮的冲击和高新企业占据商界半壁江山的背景下，绝大多数传统制造业不可避免地遇上了发展瓶颈，对于传统纺织行业而言，春风过处遍地生花的时代，似乎早已远去。

与牟水法的企业同一年代兴办的诸多纺织服装企业，在时代的大浪淘沙中逐一销声匿迹，然而，浙江神州毛纺织有限公司却依然在纺织行业的大舞台上熠熠生辉，成为朦胧薄雾中的一缕曙光，闪烁着牟氏父子的家国情怀。

牟水法出生于杭嘉湖平原上的嘉善县，天生就具有浙江人艰苦朴素、踏实奋斗的精神。他在家中排行老二，上有姐，下有弟，幼时一家人就住在稻草棚里。幼年丧父，少年时代曾挖草根果腹，这些艰难的时光磨砺了牟水法，让他拥有了常人不可及的毅力和气魄，养成了他情牵他人、心怀社会的品质。在许多年以后，有人问起已经是成功企业家的牟水法为什么那么关心员工的时候，他说：“为了大家能吃饱饭。”就是这么一个朴素又实在的目标，奠定了牟水法成功的人生之路。

1983年，牟水法接受组织安排，从教师转为筹建嘉善毛纺厂（就是今天的浙江神州毛纺织有限公司）的主要成员之一，凭借强烈的事业心和使命感，他与全体员工一起科技创新，优化升级，实业兴厂，以一个个坚实的脚印，书写了神州毛纺的传奇故事。如今，牟氏父子把神州毛纺做成了嘉善乃至嘉兴地区的商业标杆，神州毛纺已成为中国毛纺织业的一块金字招牌。

在企业管理过程中，牟水法把党建工作作为一大法宝。从担任党支部副书记到神州毛纺党委书记，三十二载的春华秋实，他不停探索党建工作如何与企业管理、科研开发、市场经营相结合，以党建为驱动力，以优秀党员为典范，助力企业健康发展。最终，他总结出了“抓党员，抓队伍”“先发展后使用与先使用再发展相结合”两新组织党建之路。在牟水法看来，要想将内部党建外化为企业发展动力之源，最重要的就是严抓党员纪律规范，狠抓党员队伍建设。在此基础上根据条件发展党员，着重将技术骨干人员、优秀大学生、生产线上基层工人作为发展对象，培养优秀党员队伍，为企业发展储备中坚人才。牟水法注重发挥党员作用，公司所有的车间主任都由党员担任，技术研发中心39个高端技术人才中，党员就占据了30个席位，党员的身影出现在神州毛纺的每一个重要岗位上。牟水法始终以党规党章严格要求自己，对党员员工提出严格的要求。在公司里，曾有党员因为酒驾而从中层干部岗位下来，也有党员因为严重违反工作纪律而被解除劳动合同。正是在这种鼓励培养与严格管理并行的模式之下，大批优秀党员成为神州毛纺发展的中流砥柱。

作为公司董事长、党委书记的牟水法，倘若是“神州号”的船长、总舵手，那么儿子牟剑青就是操舵向前的大副，具体负责生产经营的规划和落地，牟氏父子两人齐心协力，助推“神州号”

乘风破浪，不断向前。

牟剑青在高中毕业后就进入了公司，从一个小服装公司的总经理助理开始，跑过业务，做过销售，也曾在极其艰苦的条件下，在南非兴办企业长达一年时间。可以说，他和父亲牟水法一样，将自己生命中的黄金 20 年交给了神州毛纺，交给了企业上下几百位员工。

在这 20 多年里，牟剑青选择了坚持。他说："我不会选择别的行业，我这一辈子就做这一件事情。”提起那些关门的纺织厂时，牟剑青表示：“我永远也不会把它做到山穷水尽的地步。”即便利润并没有达到可观的地步，他也会一直坚持下去。

在牟剑青的成长轨迹上，四处可见牟水法肯吃苦、肯实干、肯动脑等品质的痕迹。牟剑青没有因为自己的身份而走捷径，而是选择从最基层做起，在市场中摸爬滚打以熟悉公司各项业务，摸清行业规则和现状。同时，作为总经理进入领导班子后，牟剑青也能和父辈领导沟通融洽，颇得公司高层的赞赏。这令原本担心交接班可能出现代沟问题的牟水法放宽了心，随着儿子的快速成长，牟水法也逐渐退居幕后，把神州毛纺的担子交到了儿子牟剑青的肩上。

对于牟剑青来说，在神州毛纺工作的这21年，不仅是对公司业务钻研的不断深入，更是对父亲形象品质的不断深化。在他眼中，父亲身上立身以正、端肃自省的品质，不忘初心的社会担当与慈善意识，给了自己很大的影响，他始终追赶着父亲的脚步。

牟水法在企业经营中牢记底线，不行贿、不逐利、不偷税漏税，以实际举动铸就企业口碑。在社会生活中，他致力于公益事业，在结对助学、地震救灾、扶贫帮困等公益事业上频频亮相。他始终不忘一名党员的责任，即使企业正陷入原材料与燃料价格同时上涨的困境之际，父子两人也始终严把环保关卡，耗费高成本治理污水，让废水达标后排放。在2014年“煤改气”政策环境下，神州毛纺也是第一时间响应国家号召，最快时间完成设备上的升级改造。

面对当下纺织行业发展疲软、经营困难的态势，神州毛纺却一路向前开拓，在荆棘丛中走出一条康庄大道来，支撑牟家父子在泥泞中跋涉的，并非商业利润的诱惑，而是始终不灭的家国情怀，是陪伴神州毛纺一路走来的每位员工。

他们从最好的青春年华，到即将退休，人生中最宝贵的岁月都是和神州毛纺一起走过来的，是支撑牟家父子一路向前的坚强后盾。

在这种信念感召下，父子两人积极探索神州毛纺的升级之路，他们以起草全省毛纺行业《粗梳纯山羊绒织品》标准稿为抓手，以领跑浙江省品牌建设联合会团体标准的先机为准绳，以高端品牌为企业定位，以创新精神为企业灵魂，踏上以“全球高端羊绒面料制造商和供应商”为目标的“浙江制造”新征程，不断前行。

与普通纺织厂廉价化、批量化生产模式不同，神州毛纺通过与世界顶尖纺织服装品牌的技术合作，逐步向高端服装面料市场进军。从2015年开始，神州毛纺与意大利彼尔纤纱公司达成技术合作，连续两年都派出负责生产技术的副总经理、车间主任、值班长和生技部骨干等，赶赴意大利进行每年1个月的技术学习、交流。同样，彼尔纤纱也会派出高级技术人员到神州毛纺进行每年1个月的技术指导和交流。2017年，公司染整车间完成了全面的升级改造，将关键的传统设备升级为意大利高端设备，实现了在硬件设备上的一次飞跃。如今，神州毛纺的主要客户基本上都是国内外各大知名品牌，并与宝姿、玛丝菲尔、雅莹、CER-RUTI 1881、K & C、MAX-

MARA、GIEVES & HAWKES 等高端服装品牌保持着密切的合作关系。

创新精神是牟氏父子在不进则退的竞争洪流中孕育出的另一大重要助力。踏实肯干的匠心精神，配以挑战创新的灵魂，这两种黄金品质碰撞出的磅礴力量，成为了神州毛纺最有效的发家经。在牟水法的领导与牟剑青的推动之下，神州毛纺的技术人员齐心协力研制开发了具有创新特点的功能化粗纺呢绒、生态绿茵呢绒、高档羊绒弹力粗纺呢绒、绿色环保 Y-C 亚开米尔绒制品等 19 个新产品，产品工艺技术水平更是达到国际先进水平或国内领先水平，其中提花粗纺呢绒和生态绿茵呢绒被评为国家级重点新产品，绿色环保 Y-C 亚开米尔绒制品通过国家火炬计划项目验收。新技术带来新产品，高科技带来高利润，新产品成功地为企业开拓了国际国内两大市场，同时神州毛纺也从一家传统劳动密集型制造企业，成功迈向了高新技术企业行列。

神州毛纺发家经，正是牟家父子家国情怀的生生不息、代代相传。

翁持更 追逐民族音乐复兴之梦的行者

人物名片：

翁持更，福建莆田人，毕业于上海音乐学院作曲指挥系，国家一级作曲家，现任中国音乐家协会理事、创作委员会委员，浙江省音乐家协会主席。作品先后获中宣部“五个一工程奖”，文化部“文华奖”及中国戏剧节优秀音乐奖。主要作品有：交响组曲《白蛇传》；交响合唱《运河》《东海情怀》；竹笛协奏曲《梦游天姥》；音乐剧《蓝眼睛，黑眼睛》；戏剧音乐《孔乙己》《秀才与刽子手》《藏书人家》；新编越剧《梁祝》等。为第九次全国文代会代表。

很小的时候，翁持更就经常去隔壁的剧团里看人排练，吱吱扭扭的二胡声总能令他入迷。他的父亲很喜欢拉胡琴，看到儿子也喜欢音乐，就让他跟剧团里的老师学习。上小学的时候，他被宣传队看上，被吸收去宣传队拉二胡，演样板戏。上了中学后，他又学习了小提琴。

20 岁那年，翁持更从福建省艺校毕业，到福建省歌舞团做演奏员。真正让他走进作曲领域的，是 1981 年何占豪先生在福建办的短期作曲班。在何先生的建议下，他重新学习了和声。

随后，翁持更进入上海音乐学院，时任院长的贺绿汀先生在开学典礼上说：“上海音乐学院是现代音乐教育的摇篮，因此，同学们要记住自己的使命，中国音乐史上将写下你们的名字！”这样深沉的叮嘱和寄托，是翁持更在那个充满理想的年代不可磨灭的记忆。

在这里，他学习了和声、视唱练耳、配器、曲式、中国音乐史、外国音乐史、民族音乐理论、民族音乐概论等 50 多门课程。这些课程由陈铭志、刘福安、陈钢、何占豪、杨立青、赵晓生、叶纯之等大师级的人物亲自任教。用翁持更的话说，“头口奶”吃好了，后面的路子不会歪。

翁持更回忆说，以前每周的作曲基础课都有改题的时间，一对一地教学，在改题时老师就会发现你的问题，哪里做错了，原因是什么，抓住根本，进步就很快。

上海音乐学院非常重视传统音乐学习，如曲艺课、民歌课、民族器乐课，会请民间艺人来教，带学生去各地采风，搜集了很多民间音乐资料。同时，西方讲座、唱片、音乐会也很多，学校一片生机勃勃的气象。

20 世纪 80 年代末期，翁持更快毕业的时候，中国大陆正刮着一阵流行音乐风。他来到浙江音像出版社当了音乐制作人，为周冰倩等歌星录过专辑。可是做了两三年，他发现流行音乐的市场是以营利为中心，不能按自己的想法做音乐，翁持更觉得没有意思。

恰逢浙江歌舞总团（现浙江歌舞剧院）要排一个舞剧，到上海去请作曲家写，音乐学院的老师们说：“阿更

呢？阿更跑哪里去了？叫他去写。”翁持更抓住了这次机会，为浙江歌舞总团写了大型舞蹈诗《乾坤四令》，非常成功。第二年他调入浙江歌舞总团任专职作曲，并先后担任了创作部主任、副院长等职。

近20年间，翁持更的创作涉及音乐众多领域。除了大型歌舞剧，他还涉足交响乐、合唱及歌曲影视音乐。交响合唱《运河，神州的飘带》获文化部第四届中国合唱节创作三等奖，入选中华人民共和国成立60周年中国交响音乐经典，并被选为高校教材。

值得一提的是，2009年创作的《梦游天姥》是翁持更第一部完整的大型民族管弦乐作品，这部竹笛协奏曲构思严谨，音乐语言鲜明，耐人寻味，一经上演就受到了群众的好评。

对于一个职业作曲家来讲，写戏剧音乐也好，民乐也罢，最希望不管什么乐器，都能表达出自己对朋友、对社会、对某个事物的情感情绪。“这种表达也许是我们此生中最擅长的。”翁持更觉得，“音乐创作是一种非常个性化的东西，个人对乐器的理解可能是不一样的，除了和声的对位不同外，每个作曲家都有自己的一套话语体系，就像说话方式。语言的不同，其实是每个人的追求不同。”

如何寻求音乐的语言？翁持更在这条道路上探索了几十年。他认为，可以从音乐主题材料里挖掘；也可以另辟蹊径，从社会中、从姐妹艺术中、从别人身上，感觉到新的印象、新的色彩、新的乐思，甚至旋律。“如果你这种说话方式的容量比较大，所隐含的情感和文化含量比较大，也许你就更出色。”因此，丰富自己，才能丰富音乐。

有人说，他的作品现代气息很浓。翁持更的解释是：“现代不现代，还要看你表达的内容，如果要表达的内容现代，一定可以找到音乐的呈现方式。在很现代的音乐语言里头，加几句古文也很合适；很传统的语言里头，两个翻译过来的新名词加得合适，大家也可以意会。关键还是看表达什么。”

要说民族管弦乐应该用什么语言才正宗，翁持更认为：“每个人、每个作曲家、每个时代、每个地域，都能以不同方式，用民族器乐这样一个载体来表达他自己的感受。总的来讲，这么大的国家，应该有各种各样的表达，越丰富越好。”

2010 年，翁持更当选为浙江省音协主席，他说：“音乐家协会就应该发挥作用，适当的时候要帮助、服务音乐家，促进音乐的发展，这是一项很重要的事业。”

2014年国庆节前夕，翁持更组织发起了“中国梦”系列之“江南管弦——浙江省优秀原创民族器乐作品展演”，对浙江民乐多年来的原创代表作进行梳理、总结，期待在此基础上，浙江民乐发展能再上一个台阶。

参加演出的单位包括浙江民族乐团、浙江婺剧团，浙江艺术职业学院、浙江传媒学院音乐学院。蒋国基、杜如松等知名演奏家前来助阵。音乐会呈现了赵松庭《渔港春潮》、钱兆熹《西湖寻梦》、翁持更《梦游天姥》、刘湲《富春山居图随想》、顾冠仁《茶香情》、刘建宽《古戏台追忆》、王天明《春闺梦》、许志斌《凤栖梧桐》、汪锋《柒月·竹 》、蒋国基《水乡船歌》等曲目，这样的规模在浙江省音乐史上恐怕还是第一次。

音乐会的成功演出，展现了浙江省民族器乐创作在中华人民共和国成立后三个阶段的优秀作品。第一是中华人民共和国成立初期到改革开放前，创作者多为演奏家，以整理改编民族民间音乐为主，作品的题材主要是表现浙江广大农村、渔村的劳动生活，其主要的作品就是由众多民乐家参与，并经多次改编流传至今的《舟山锣鼓》。著名的笛子演奏家、教育家、作曲家及民族器乐的改革者赵松庭先生在这个时期创作了其重要的代表作《渔港春潮》。

第二是改革开放兴起到20世纪末。这个时期最重要的作曲家是钱兆熹先生，此次音乐会演奏的民族管弦乐《西湖寻梦》是他的代表作，体现了这一时期浙江民族器乐创作的特点。

21世纪以来，浙江省民族器乐创作进入了第三个阶段。随着浙江省专业大型民族乐团的建立，他们带着浙江作品多次在欧洲、东南亚及我国港、澳、台地区的著名音乐厅演出，受到了各界人士的热烈欢迎，为浙江的音乐文化赢得了荣誉。此次展演中的《秋山闻道》《梦游天姥》《春闺梦》及《古戏台追忆》等，就是21世纪以来浙江省民乐创作的代表作品。

一台音乐会无法展示65年来浙江民乐创作的一切，虽为“管窥”，但也能“略见一斑”。

翁持更以这台作品展演献给共筑梦想的人，向前辈致以崇高的敬意！在华管繁弦中，观众听到了浙江音乐家追寻民族音乐复兴之梦的心声，看到了浙江音乐家探索艺术创新艰辛路程的履痕！

董长青　管理要刚　执法要柔

人物名片：

董长青，浙江省第六监狱监狱长。2017年荣获全国司法行政系统先进工作者，同年又被司法部评为“新时代最美法律服务人”。

董长青已从事监狱工作30多个年头。身着警服的他，一身正气，皮肤黝黑，眼神笃定。在日常的监狱工作中，“管理要刚，执法要柔”是他遵循和践行的治理之本。董长青所在的浙江省第六监狱，是一座特殊监狱，既承担着关押全省重刑罪犯的责任，同时也关押了大量外国籍罪犯、限制减刑罪犯、职务类罪犯等。其构成之复杂、管理任务之艰巨，是其他监狱所不可比拟的。

以修心立身

董长青坚持以治本安全为指导，以向社会输出“合格产品”为目标，将创新修心教育方式方法与传统行之有效的教育改造方式方法相结合，破除服刑人员的“犯罪人格”和“监禁人格”，努力把服刑人员改造成人格健康、适应社会的守法公民。董长青表示：“作为监狱的执法者，第一步是要把罪犯的情绪安抚好。每个罪犯的家庭背景不同，人生经历也迥异，如果对他们实行简单的‘一刀切’管理，是不可行的。”为此，民警们耗费大量的心血和努力，常常不惜牺牲自己的休息时间去改造一名罪犯。

罪犯章某曾是“监狱第一抗改分子”。为了让他服从管理，民警采取了个别教育和禁闭反省相结合的方式，“软硬兼施”却未起到丝毫作用。进行多次讨论后，监狱决定在母亲节开放日来临之际，开展一次“家访”。民警一行人拿着慰问品，跋山涉水来到罪犯位于临安山

区的家，与他 90 多岁的老母亲进行了深切交谈。这感人的一幕被摄像机录下，带到了母亲节当天的活动中，当看到年迈的母亲出现在大屏幕上继而又突然出现在活动现场时，多年未与母亲相见的章某不由跪地，抱着母亲泣不成声。事后他回忆说："真的非常感谢民警为我做的这些事，有了这份关心，我还有什么理由不在狱中好好接受改造呢？""亲情能让再固执的顽石回头，同时，我们监狱要努力实现'儿行千里母不忧'。"董长青如是说。

以文化育人

"菊文化艺术节"是省六监的特色文化活动，举办至今已有 28 个年头。以"菊"之名筹划活动，旨在弘扬不屈不挠的拼搏精神，为监狱服刑人员提供信心源泉。在活动成果的展示区"七彩百工"中，有预祝十九大顺利召开的十九幅油画，有力透纸背的书法作品，还有技艺精巧的手工雕塑……这些参展作品，很多都出自没有美术功底的罪犯之手，它们可能没有市面上卖的手工作品那么精致，但对他们本人而言，却是意义非凡。展品中有一尊名为《母亲》的雕塑，创作人在入狱前是黑社会头目，可以说在当地是"呼风唤雨"的人物，但当他入狱后，原本"强大"的社会关系几乎被彻底切断，加上刑期又重，这一系列的打击让他饱受心理摧残，从而自暴自弃。当时恰好赶上菊文化艺术节，警官就借活动契机，鼓励该犯尝试创作一尊作品。随着作品逐渐成形，犯人的心态有了明显好转，他曾主动向民警诉说："我每一刀刻下去，心里就酸楚一次。"他释怀了，因为在完成作品的过程中，他得以隔绝纷繁，静心思考人生百味，他将自己对母亲的思念融入作品，同时也再一次鼓起新生的勇气。

陈乃科　东欧袜王的“根、魂、梦”

人物名片：

陈乃科，旅居东欧华侨，浙江国和控股集团有限公司董事长，第十二届全国人大代表、中国侨联常委、浙江省侨联副主席、浙江省侨商会常务副会长、浙江省侨联青年总会常务副会长、浙江省海外交流协会常务副会长、致公党浙江省委会常委、浙江省工商联咨询委员、丽水市侨商会会长。

一提起陈乃科，人们总不免将他和“华人华侨”这几个关键字联系在一起，东欧“袜子大王”的传奇故事被不少华侨所津津乐道，他在侨界名声显赫。从孤身一人勇闯异国他乡，到建立起产业链遍布欧洲的“袜子王国”，再到毅然归国回报桑梓，全票当选杭州青田商会创会会长，陈乃科成了从侨乡青田县走出的华侨企业家中最具代表性的一个符号。

青田是重点侨乡，全县有一半以上的人分布在世界各地创业谋生。陈乃科的血液里天然就带着一种勇闯海外又心系故土的基因。20世纪90年代初大学毕业后，陈乃科追随家人的脚步，提上一只小皮箱孤身远涉重洋，开始了不甘平凡的闯荡。

陈乃科的第一站是捷克首都布拉格，他随身带着一只小皮箱，里面除了几件换洗的衣物，装满了从义乌批发的各类小商品，他从领带夹、风油精、戒指等充满中国特色的小物件卖起，书写自己的生意经。这个第一次迈出国门的年轻人，到了捷克之后先去各个旅游景点的小摊位上售卖自己带去的小商品，他肯吃苦、肯努力、肯用心，很快赚得人生的第一桶金。他这股子冲劲，相比其他侨民更容易受到当地华侨的支持和信赖，许多已经在当地站住脚跟的华侨大哥大姐，把货免费批发给了陈乃科，允许他在货卖出去之后再回来结账。就这样，以自己的信誉为抵押，在当地华侨同胞们的帮助下，他很快就在异国他乡立稳脚跟。再加上能吃苦耐劳，把心思用到位、用到实处，他很快就从替别人卖货的分销商，摇身一变成为经营着自有商业品牌的批发主，建立起遍布东欧的销售王国。

陈乃科毕业于西北工业大学，出国前已在国内打下了坚实的知识基础，懂得运用自身积累的专业知识与社会经验来开拓市场、发展业务。当时，经历东欧剧变的捷克与中国建立起贸易往来，价廉物美的中国商品颇受当地顾客欢迎。但陈乃科却发现做袜子贸易的人很少，他抓住这个商机，抢占先机开始打起了做袜子贸易的主

意。打定主意后，陈乃科做起了全面细致的市场调研，他跑遍捷克的各大商场，去各大袜子柜台前了解捷克袜子的种类、款式和尺码。经过调研，他发现之所以当时中国还没人开始做袜子贸易，一是因为袜子的附加值低、利润小，需要量去支撑；二是因为袜子的制作需要因人而异、因国而异，中国人与捷克人无论是在脚的尺寸还是审美上，都有很大差异，传统的中国袜子很难在捷克打开局面。于是，陈乃科灵机一动，决定自己制定一套袜子出口的工艺规格，一手创立起名为“NAKE”的袜子品牌，并且以布拉格为总部，在周边城市乃至周边国家设立代理，逐步建立起属于自己的“袜子王国”。

1998年5月，陈乃科在布拉格的总代理销售突然焦急地告诉陈乃科，市场上出现了“NAKE”的仿牌，并且批发价每双比“NAKE”低了1克朗。陈乃科获悉后，决定增加袜子产量，并下调销售价格，借此机会扩大市场容量。“NAKE”本就价廉物美，这样一来，销售量相比前一年快速增长将近5倍，牢牢占领捷克及周边国家中国人袜子贸易市场的绝大部分份额。

陈乃科在深谙市场游戏规则的同时却不只局限于逐利，他始终记得自己初来异乡打拼时华

侨同胞给予的温暖，记得自己是靠着侨胞的信赖和扶持而逐渐发家起步的。在袜子的销售过程中，他压减自身的利益来提高代理商和分销商的利润空间，把信誉和原则当成自己的一块金字招牌，从而建立起一条良性循环的产业链条。就这样，与生俱来的精明头脑让陈乃科生意越来越红火，“NAKE”袜业迅速占领了欧洲袜子市场，每年在捷克、斯洛伐克、匈牙利等国家卖出的袜子多达几亿双，陈乃科成为了中国制造的袜子出口东欧的首批“拓荒者”，被商界冠以“袜子大王”的美誉。

2003 年，在欧洲事业全面开花的时候，陈乃科却突然选择转移事业重心，毅然回国。原来，当时国家开始号召华侨回流、浙商回归，为华侨回国发展提供了良好的政策保障和社会氛围。叶落归根，陈乃科从走出国门的那天起，就想好了回来的一天。恰逢天时地利人和，对于陈乃科而言，这成为归国的最好时机，也是他一直在等待的机会。

改革开放 40 年来，祖国强大的综合国力和举足轻重的国际地位为海外侨胞创造了良好的发展条件，与此同时，这也是一种独特的人力资源，能让“走出去”和“引进来”这两大战略迸发活力，在共商、共享、共建的“一带一路”建设中发挥重要作用。陈乃科与侨胞老乡们切身感受过各个国家的机制体制、现代化进程、文明文化，凭借在人脉、资源、语言、文化、信息等多层面的优势，展开“以侨引侨”“以侨引外”“以外引外”，可谓得天独厚。

在国外漂泊时，华侨总是互帮互助、抱团取暖，回国后，华侨们在资金、项目、人才等各方面

中欧班列（布拉格-义乌）首发仪式
YXE
捷克中国中心
THE FIRST PRAGUE TO YIWU TRAIN

西中企业家“一带一路”经贸考察团
La Franja y la Ruta
Delegación empresarial de Aragón

依然是团队作战，侨胞们明白整体力量总是大于部分力量之和的道理。在华侨这个整体中，陈乃科是颇具影响力和号召力的一位。在国外时，他组织成立了捷克青田同乡会并担任名誉会长，归国定居杭州后，又领导成立了杭州青田商会，成为青田创会会长。他是第一批回到国内参与华侨经济建设的响当当的浙商之一，始终发挥着以侨引侨的作用，呼吁更多华侨回乡投资。从2005年创办投资公司，到后来向房地产、矿产、制造业、酒店、传媒、物流、服务、电子商务等不同领域渗透，陈乃科带动海外侨商一起横拓纵挖，以独资、控股或参股等多种形式成立了20余家公司。在以侨引侨的同时，陈乃科也积极发挥着以侨引外的作用，将海外客户带入“一带一路”合作中来。捷克是浙江省“一带一路”建设的重点交流对象，无论是友好城市的交流合作，还是友好学校、友好医疗等项目的对接，以陈乃科为代表的侨商们都积极参与其中，帮助外商进行政策了解、选址对接与项目落实，还带动中医文化进入捷克，关心支持浙江金融职业学院与捷克教育的对接，并帮助成立浙江金融职业学院“一带一路”捷克研究院及捷克馆等。

海外侨胞的命运与祖国命运是紧密相连的，习总书记指出：“共同的根让我们情深意长，共同的魂让我们心心相印，共同的梦让我们同心同德，我们一定能够共同书写中华民族发展的时代新篇章。”陈乃科的“根”“魂”“梦”在故国中国，也在故土青田，他以侨带侨、以侨引外的同时，也带动海外侨商回家乡投资创业。在当地政府的鼓励支持和侨商朋友的积极响应下，他在青田规划了一个名为“欧洲旅游体验小镇”的项目，打造了一座充满欧洲风情的旅游度假小镇，搭建起一个吸引海外华侨华人回国投资创业的平台。为打造丽水旅游发展金名片，他和几位华侨合资，在2009年建起了丽水最早的五星级酒店——华侨开元名都大酒店。同时，他也加入家乡脱贫攻坚、生态环境建设、乡镇建设等乡镇振兴工作中，捐款、扶贫、修路、慰问老人，并建立起乡贤联谊会，不忘根本，广施善举，回报桑梓。

陈乃科之所以情系故里梦归乡，是因为中国永远是他心底最美丽的乡愁，是因为民族复兴之梦是数代中华儿女的追求，亦是华侨华人的期盼所在。

张宏保 党建也是生产力的一张金名片

人物名片：

张宏保，1948年5月出生，浙江德宏汽车电子电器股份有限公司名誉董事长、党委书记。《共产党员》封面人物。曾被评为浙江省劳动模范、全国优秀经营管理者、中国汽车电子电器工业十大杰出人物、中国内燃机工业协会行业领军人物、中国汽车电子电器电机行业优秀企业家，获五一劳动奖章、全国职工自学成才奖等诸多殊荣。

自1978年来，他把一家名不见经传的湖州汽车电器厂发展成为中国汽车电子电器电机行业"十佳企业"和中国汽车电子电器行业创新企业，使其成为行业内的龙头企业，其部分产品还远销海外，德宏成了中国人的骄傲，世界电器行业的生力军。

多年来由他执掌的公司党组织先后获得"五星级党组织""先进基层党组织""十佳两新党组织"等荣誉称号。

2018年2月8日上午11时，在寸土寸金的"魔都"上海，一家来自湖州的德宏汽车电机制造企业，在嘉定区同济科技创业园隆重举行挂牌仪式，成立了专为企业发展服务的专属研究院。这一占地1292.35平方米的科研基地的落成，昭示着这家与改革开放40年同步走来的民企，将再次以全新的姿态向着未来市场博弈的风口整军进击。

作为上海市工业重镇的嘉定区，集聚着诸多国家汽车制造业和科研机构，本次德宏上海研究院挂牌仪式的落定，是公司定位传统制造业应对当下互联网新经济业态冲击的一次试水，是实施新能源产业战略的重要步骤，也是加快公司内涵式发展步伐的重要砝码，这意味着德宏在风云变幻的市场背景下，再次开启了全新的征程。事实上，德宏汽车电子前期的发展，也正是靠着掌门人张宏保一次次的"挂牌"而不断向前迈进的。

曾几何时，张宏保带着画有汽车小电机与大电机的小黑板，只身一人在嘉兴市劳务市场推销产品，招揽员工，开拓业务。德宏汽车电子就是这样在张宏保手中一步步成长起来的，从仅有5个人、50平方米、500元资金的"三五"牌企业开始，40年的风雨兼程，经受住了改制、上市等一系列挑战，从无到有。1978年，张宏保

还是湖州第四建工队的队长，在这支为解决闲散人员就业问题而组建的队伍中，他以个人绵薄之力助力国家社会发展。因此，当上级主管部门领导找到张宏保，提出要为发展湖州市第三产业而创办汽车电器厂的想法时，张宏保二话不说，接受了组织的安排，在一个全新的陌生领域中，开始了创建湖州汽车电器厂这条阻且长的漫漫之路。

德宏创立的初衷就是“党指向哪里就奔向哪里”。在整个德宏的发展过程中，这一理念始终占据企业发展战略的最高位置。张宏保把党建工作当作公司发展的重要根基，以始终坚持党的领导为纲领，为公司发展注入强劲动力，最终形成了“以德展宏图”的党建五字箴言，即以梦为马行，找准定位形成合力；崇德而定势，服务社会彰显魅力；大鹏展翅飞，创新机制催生内力；匠心为宏愿，集聚智慧增强动力；协力绘远图，丰富载体激发活力。紧紧围绕企业发展主线，坚持“不断完善，追求完美”的品牌理念，深化“党员人才”工程，夯实党建基础，创新工作方法，提升整体水平，助推企业取得新发展。

作为党委书记，张宏保始终以党员高标准要求自己，以形象带动影响，以党员模范带动群体建设。以此，可以解读德宏从一个街道建工队创办的第三产业企业，继而做大做强，一直到如今国内名列前茅的汽车发电机研究开发的专业生产制造商的重要秘诀。在张宏保看来，要想全体职工上下齐心、攻坚克难，就需要发挥队伍里党员的模范先锋作用，而要想党员们能够带头拼搏、树立榜样，就需要党委带头组织、以身作则。而要想形成这种一级带动一级，一级促进一级的良好氛围，最关键的一环就是作为党委书记的自己始终做好榜样。企业创立阶段，为了使德宏尽快在汽车电机制造行业占据一席之地，他身体力行，事事亲自上阵，曾背着汽车电机去上海，参加各大配件公司的订货会。即使到德宏已经成长为国内商用车发电机制造行业大咖的时候，张宏保也从未因此懈怠，坚持每天五点多第一个到公司，40 年来风雨无阻。于是，党委书记成为每天最早上班的人，他在晨曦中迎接、问候每一位职工到来的场景，已成为德宏几十年如一日的一道特殊风景线。

与此同时，为激发党员职工走在前列、敢为人先的拼搏精神和先进意识，张宏保定下了党员进入单位，凡事提前 15 分钟的规矩，无论是上班还是参加会议，党员总是要比普通群众早到 15

分钟。而正是这每次不起眼的15分钟，让所有的德宏人不忘争先意识，在你追我赶中劲往一处使，德宏这艘巨轮因此永远鼓满风帆，破浪而行。党委书记张宏保的睿智，就在这些细枝末节的生活寻常之处展露无遗，他从这些看似不起眼的细节出发，用党建工作引领企业文化建设，构建了积极、文明、向上的企业文化，形成了重要岗位有党员、困难面前有党员、技术攻关有党员的良好局面。

在张宏保的组建领导之下，目前公司已与中国工程院的电机院士饶芳权先生及其团队达成长期友好合作关系，建立了院士专家工作站，进一步提升了技术研发和创新能力。其团队负责人倪为民，在攻克石墨转子及叶片材质磨损难题时，带领团队夜以继日地进行试验，在没有空调和风扇的炎热环境中，时刻紧盯高温下运转的样机，即使汗水湿透衣襟，也丝毫不敢懈怠，即使在测试表面温度时被高温外壳烫伤，也只是刺破水泡继续坚守。正是在这样的先进党员的带领和感召下，团队最终解决了干式旋片电子真空泵石墨转子及叶片容易磨损的难题，为德宏进军新能源汽车领域提供了坚实的技术基础。可见，张宏保组建高素质专家党员团队的决策十分高明，他在大力推动高端党员人才在企业经营发展中发挥示范引领作用的同时，也为高素质尖端人才提供了物质支持与发展平台，这将吸引源源不断的高级人才注入。

改革开放以来，在张宏保的带领下德宏顺应时势，搭乘上国家改革开放的巨舰，在政府大力扶植民营企业的政策背景中，德宏得以迅速成长，迄今成为盘踞一方的商业巨头。浙江德宏占地广阔的产业园区，离不开湖州市政府的支持；面临金融危机的全球风暴，德宏可以逆流而上，不退反进，离不开国家对民营企业的大力扶持，离不开德宏始终坚持党领导企业的战略选择。而德宏也始终牢记自身使命，在持续多年的不懈努力下，成功进入金融资本市场，成为湖州当地纳税大户，积极回报社会，反哺国家。值得一提的是，在国庆 60 周年之际，德宏接下了为国庆 60 周年阅兵式军用引导车生产发电机的特殊订单，从材料的采购、试验和论证，再到最后的检阅和安装，张宏保对每一道工序都亲自过问，严格把关，确保为阅兵式制造出最优质的产品，这也是他向国家交出的最满意答卷之一。

正是在这样天时地利人和的背景之下，德宏一步步走入正轨，逐渐成长为湖州市企业的一面旗帜。从 1978 年的湖州汽车电器厂，到 1993 年更名为申湖集团，再到 21 世纪初的分步改制，德宏电机实现了“从公到私”的改制，随后在资本市场中开拓前行， 2016 年成功上市，牢牢占据全国商用车发电机配套市场份额的 20% 以上，部分产品远销海外市场。

张宏保始终坚定认为，不管牌子怎么换，体制怎么改，机制怎么变，党组织的战斗力不能弱，坚持党的领导，加强党的建设始终是德宏的根和魂。党建就是生产力，企业在党的领导下，走社会主义市场经济的路，坚持传统产业和新兴产业两手抓，实体经济与资本经营两手抓，物质文明与精神文明两手抓，只要“敢于啃硬骨头，敢于涉险滩，既勇于冲破思想观念的障碍，又勇于突破利益固化的藩篱”，一定能够攻坚克难，稳居国际一流的汽车电机企业地位。

伴随着德宏蒸蒸日上，企业日益健康发展，掌门人张宏保迈入了古稀之年。保持企业青春活力，让接班人成功接棒，成为德宏保持上行通道的重要一环。于是，在德宏股票成功上市之后，张宏保便开始实施这一谋划，企业由自己掌上明珠张宁接棒。

在张宁的印象中，父亲始终是一个有着民族情结的实业家。在德宏的经营过程中，多次有其他外企想与德宏强强联合。曾有一家美国知名的汽车零部件公司千方百计地想与德宏合作，而面对对方开出的诱人条件，父亲选择了放弃这个找上门来的机遇，只因倘若接受控股，德宏将不再是德宏。父亲的态度，潜移默化地在张宁心中埋下火种。

填报大学志愿时，张宁选择了那时最热门的英语专业，而她心中却始终希望有朝一日世界将不再以学习英语为潮流，她希望中文可以成为国际通用的符号，希望在世界各大知名汽车品牌的金属外壳下，赫然闪耀着由德宏印上的中国金名片。这是张宁的野心，也是德宏的初心。

杜如松　大道至简　迁想妙得

人物名片：

杜如松，浙江音乐学院教授，中国传统笛箫演奏与教学硕士研究生导师，中国音乐家协会竹笛学会副会长，浙江省音乐家协会副主席，浙江省文化厅艺术委员会成员。

2012年美国加州大学为他颁发了"国际优秀艺术家奖"。专辑《笛声吹向云水间》及其作品入围台湾第19届金曲奖，并获最佳传统音乐诠释奖和最佳专辑奖。编著出版《浙江省竹笛考级教材》《杜如松笛箫曲集》《中国笛曲精选》。独奏曲《渔笛清幽》入选2017年国家艺术基金项目。

于笛艺一道，杜如松俨然已是大师级的人物，但他从不以大师自居，这和他的恩师赵松庭很像。赵松庭先生是中国笛艺的代表人物之一，南派笛艺泰山北斗级人物，却始终称"没把自己当大师，只不过是在某个领域做出了一些贡献"。杜如松在继承恩师专业技艺的同时，也传承了这份对艺术的谦卑，无论是立身处事还是音乐创作，总要给自己留点余地。正是带着这点"余地"，杜如松在创作中破而后立，博采众长，真正走出了一条属于自己的路来。

杜如松交给恩师的第一份答卷是笛曲《扁舟载月》。在他即将毕业时，赵松庭给了他和其他学生一首明代凌云翰的《西湖渔者》："家住钱塘西子湖，钓竿几度拂珊瑚。扁舟载月归来晚，不觉全身入画图。"要求创作出名为《扁舟载月》的笛子曲。杜如松夜晚一个人骑自行车来到了西湖边，西湖悄然寂静，波光粼粼，让人的心灵也归于沉静。他细细感受湖面如镜、扁舟逐流的绰约风姿，最终万种风情穿胸而过，汇聚成袅袅笛音。毕业音乐会上，这曲《扁舟载月》吹奏而出，赢得满堂喝彩，赵松庭老师也对他的作品青眼有加，对曲中勾画的意境与传达的心境大为赞赏。这不仅是杜如松的第一首原创作品，也是他第一次真切触摸到了音符之外的那个世界。

《扁舟载月》问世后，杜如松反复打磨，越发觉得初作中透着稚嫩，深究起来缺了几分"味道"。他发现乐曲中有刻意追寻起承转合的痕迹，快板、慢板的添设是为乐曲结构完整性而存在。随着自身境界的提升，他从追求作品的外在结构转向雕琢作品的内在意蕴，乐曲向着清幽邈远的意境细细雕琢，十几年后，笛曲中依稀回荡旧时余音，意境却变得圆浑开阔。曲中描绘的景致，从湖上波光粼粼、月影婆娑的风光，变成了月中仙子蟾宫起舞的绰约风情；从湖边泛舟垂钓的老翁，变成了千百年前湖边垂钓的林逋、苏轼、白居易、范仲淹等文人墨客。《扁舟载月》成了一场跨越时空的对话，西湖成了文人意境里的西湖。此后的《竺缘》《渔笛清幽》等经典作品中，他都有意识地营造乐曲中的人文意境，开始探寻音符间的格调。

杜如松的音乐是干净通透的，纯净、质朴，却打动人心。正统学院派出身的杜如松，身上却没有拘泥于精工细琢的书生气。杜如松在创作中总是把“缘分”和“玩玩”挂在嘴边，带着几分“宠辱不惊，闲看庭前花开花落”的随性洒脱，或许正是这样，他的作品中才保留了音乐本身的灵性与力量。

杜如松还在浙江艺术学校时，偶然的缘分让他接触到尺八，而后又因尺八与灵隐寺的几位法师投缘，佛教文化也成为他创作的重要艺术源泉。与佛教间千丝万缕的渊源，贯穿《竺缘》创作的前因后果。有一次杜如松在香港演出，碰到一个从日本留学回来的福建莆田大和尚，大和尚看杜如松笛艺高超，就问他为何不写些佛教作品。杜如松便坦言自己不懂佛教，又难以找到适用的素材，于是，大和尚当场轻轻哼起佛音。这段萍水相逢时随口哼起的曲调，却带给杜如松震撼心灵的感受，他以此为灵感开始《竺缘》的创作。当时，恰逢赵松庭老师正在改良笛子，为尝试给笛子建立一个更合理、有高中低倍低音的系统，赵松庭引入了西洋乐器中的工艺，创造出了倍低音弯管笛，杜如松就用倍低音弯管笛来创作《竺缘》。笛子的“圆”加上与天竺的“缘”，最终成就了笛曲《竺缘》。

《竺缘》在艺术高度上超越了他的第一首作品，通过笛音的高低变化与起承转合，曲中人得以聆听寂夜古寺涤荡人心的钟声，静谧四野间轻敲瓦片的雨声。在静心明慧的佛教氛围里，传达出杜如松历经繁华后返璞归真的人生感悟。

一次偶然的机会，杜如松和著名国画家林海钟教授在美国堪萨斯州博物馆看到了馆藏古画——南宋夏圭的《渔笛清幽》长卷画。美国加州大学洛杉矶分校研究宋代绘画的李慧漱教授突然问杜如松能不能为此画谱一首曲，用音乐来表现这幅长卷，而林海钟教授也提出根据这幅古画来画一张现代版西湖，感受彼时宋人的逍遥和幽远。

为了玩出一个“好玩的东西”，杜如松便在缘分的促使下，突破视觉与听觉的感悟方式，跨越传统与现代的界定，源于古人又高于古人地大胆探索，创造出新的时代艺术语言。

南宋夏圭画作《渔笛清幽》气韵天成，只在画幅下半画一湾沙滩，河中渔船上有两个渔夫，一个撒网，一个拉网。沙滩边上也停泊着两条渔船，一位意态闲适的渔民正吹着短笛。画面取舍大胆，留白生动，景中人物仅圈脸勾衣点簇而成，却神态生动，意境空灵。

意境的最终构成，是由创作和欣赏两个方面结合才得以实现。创作是将无限表现为有限，百里之势浓缩于咫尺之间；而欣赏是从有限窥视到无限，于咫尺间体味到百里之势。意境是指一种能令人感受领悟、意味无穷，却又难以用言语阐明的意蕴和境界。它是形神情理的统一、虚实有无的协调，既生于意外，又蕴于象内。

显然，把画家夏圭的《渔笛清幽》意境转换为演奏家杜如松的笛乐意境，这般“今之古人”的天作之合，是把跃然纸上的笔墨意境，灵动回旋在古风神韵的笛声中。

杜如松提笔吟唱，搅动胸中沉淀已久的华夏情愫，以江南地方戏剧音乐为素材，写下了大量的音乐片段，然而，他始终觉得难以到达理想境界。他郁郁不解，独自来到了西湖边的双桂轩喝茶散心，偶然翻阅到案上的一本古琴曲谱《仙翁操》，这一翻阅，使他瞬间抓住了灵感。

杜如松敏锐捕捉到“仙翁逍遥自在”的意境，运用笛子散板音符和自由节奏，改变古琴曲的程式节奏和通用音符，乐曲平静、淡定，没有忽缓忽急的节拍，也没有跌宕起伏的旋律，像风吹过竹林的声音，轻盈而又神秘。这种声音清幽而不哀怨，空寂却不孤独，传递一种超脱尘世之后大彻大悟的空旷和淡定。

夏圭的创作主张“脱落实相，参悟自然”，趋向笔简意远，遗貌取神，《渔笛清幽》中碧天水色，

渔笛清幽，正给人以道家清静无为、潇洒自在的感觉。于是，古琴曲《仙翁操》的仙翁姿语成了乐曲《渔笛清幽》的根骨。

到达此种境界之后，灵感如泉涌现，杜如松以昆曲《游园》为主体，《仙翁操》为枝干，又将华丽的技巧与繁复的音节删掉，化繁为简，仅用几个古琴音符来呈现空灵的意境。整首乐曲一改笛子悠扬婉转的演奏特点，至纯至简，平淡天真，却充满欲语还休的故事感。

《渔笛清幽》问世不久，他以缘会友，与国画家林海钟教授、媒体艺术家范厉教授一拍即合。杜如松吹奏，林海钟绘画，再由范厉将绘画与音乐结合，剪辑成动漫的现代形式进行呈现，画面节奏与音乐节奏圆融应和；750 年的时空穿越，与山水画家夏圭古今神游，乃声声江南韵味，袅袅广袤梦境。

著名中国画大师潘天寿曾说，绘画养眼，音乐养耳，两者合一养心。毫无疑问，这个“性情”当属意境之畴，由此而言，国乐家杜如松与国画家、媒体艺术家的联袂，正是视觉与听觉审美情趣的联袂。可以说，这才是大师应有的品格。

杜如松艺术交游广阔，涉及的艺术领域广泛深入，从小耳濡目染的婺剧，经过科班学习的越剧，古诗词中的平仄韵律，古画古玩中的艺术气息，最终凝练成他音乐创作中的一缕精魂。同时，与中国书画艺苑掇英和儒释道各家文化上的交游，也使得杜如松达到了比普通笛子演奏家更高的境界。大道至简，迁想妙得，杜如松的跨界不只在传统与现代之间，在某种程度上他也达到了民族性与世界性的融合。笛子乐曲中传达的是中国传统文化中的精神气韵，要让中国传统文化走向世界，最重要的就是文化自信。

学院派中走出的杜如松基本功扎实，基本功又在几十年的运用中越发炉火纯青，他带着学院派的纯熟技术，走向了另外一条道路，在创作风格中表现出明显的人文倾向。从实际景象到人文意象，大千世界的万千气象幻化成笛曲中一种浑然天成的意境，这种意境模糊了音乐的外在形式，成为创作者本身的人文情操与某种文化的跨时空对话，也成为与听众之间一种直抵心灵的情感交流。

乾坤有清气，散入诗人脾，当技巧性的东西消解之后，技术才成为艺术，唯艺术方可入道，方可真正臻于大师境界。

吴建荣携子吴伟　挥洒实业强国的浓烈情怀

人物名片：

吴建荣，1957年生，中共党员，浙江杭州人。现任浙江省第十二、十三届人大代表，浙江省政协第十届委员，杭州市第九至十三届人大代表，杭州市第十三届工商联副主席，中国民营文化产业商会副会长，中国建筑装饰协会副会长，中国动画学会副会长，浙江省商会副会长，浙江省民营企业发展联合会执行会长，浙江省动漫产业学会副会长，杭州中华文化促进会副主席，浙江中南控股集团党委书记、董事局主席。曾荣获全国优秀乡镇企业家、中国建筑装饰功勋人物、全国建筑业优秀企业家、十大风云浙商、杭州市劳动模范、中国国际动漫节先进个人、全球杰出华人、改革开放三十年建筑装饰行业发展突出贡献企业家、中国年度文化人物、浙江省新时代中国特色社会主义事业优秀建设者等称号。

改革开放以来，吴建荣不断艰苦创业，开拓创新，将企业打造成以建筑工程、文化创意为主要产业的大型现代化集团。集团现有4家国家高新技术企业，连续20年位列全国民营企业500强，连续12年成为国家重点文化出口企业、十大最具影响力国家文化产业示范基地。拥有国家房屋建筑施工总承包特级资质、多项甲级设计资质，中南幕墙连续13年成为全国幕墙行业前三强企业。

吴伟，浙江杭州人，现任浙江中南控股集团总裁，新锐浙商。

1979年，在改革开放的浪潮中，年仅23岁的吴建荣开始承包工程施工，1984年成立萧山长河第二工程建筑队（中南集团前身），开启了艰苦创业的征程。他自立自强，开拓创新，敢为人先，紧紧抓住国家城市建设的重大发展机遇，坚持“诚信立业，创新发展”的发展理念，打造了房屋建筑、幕墙装饰、钢结构、机电智能、市政园林等设计施工的完整产业链，成为全国建筑行业的佼佼者。

2003年，吴建荣无意中发现儿子吴伟经常看国外动画片。拥有爱国情怀的他调查后发现，当时国内电视上播的动画片90%都是进口片，中国有动漫这个行业，却没有这个产业。中国有丰富的优秀文化资源，为什么就不挖掘出自己的宝藏呢？为此，吴建荣不顾外界的反对和质疑，毅然决定对企业进行转型升级，跨界进入文化创意产业。在他“高起点、大投入、国际化”的发展思路下，中南卡通原创了《天眼》系列、《乐比悠悠》、《魔

幻仙踪》、《郑和下西洋》、《郑成功》、《中国熊猫》等累计 13 万分钟精品动画片，出口国外 93 个国家和地区，为青少年儿童提供了正能量、健康的精神食粮。2018 年 4 月，由中南卡通和央视动画联合拍摄的千集大型动画片《天眼归来》，在中央电视台少儿频道黄金时段首播后，收视率跃居同时段首位，优酷等新媒体播映点击量突破 1.6 亿次，深受家长的好评和小朋友的喜爱。

习近平总书记在浙江工作期间，曾多次亲临中南集团视察指导，对中南集团转型升级、跨界发展动漫产业，给予了高度评价。他说："原创动画不是用钱来衡量的，它能够为青少年提供健康的精神食粮。"正是这一句谆谆嘱托和殷切希望，成为 15 年来吴建荣发展动漫产业的重要动力。

吴建荣对企业发展的魄力和胆识，一直让儿子吴伟非常钦佩。高中毕业后，吴伟以优异的成绩被美国印第安纳大学录取。留学期间，他每次放假就回到父亲公司实习，了解企业经营管理情况。2015 年大学毕业后，吴伟便在中南集团担任副总裁，负责集团公司旗下的中南钢构 IPO 的申报工作。与父亲相比，有着海外留学经历，受过高等教育的吴伟，更容易感知和接受互联网、智能制造等新事物，更愿意通过创新创业为企业转型升级注入驱动力。2018 年，吴伟被任命为中南集团总裁，全面负责中南集团的各项业务。父子两人，一个在传统产业领域不断转型升级，一个在新型产业领域不断开拓创新，双轮驱动，相辅相成，不断提升企业的核心竞争力。

创业 35 年来，无论经济形势如何变化，吴建荣都始终坚守实业报国不动摇。吴伟起初并不理解父亲的坚持，总觉得金融投资等领域更能加快企业发展，但是随着时间的推移，吴伟逐渐开始感受到父亲身上热爱实业、坚持实业、务实创业的爱国情怀，明白了做企业要踏踏实实，经得起诱惑，耐得住寂寞，才能走得更稳更远。特别是在当前经济形势严峻的宏观环境下，更要稳扎稳打，才能不断推动企业发展。

在父亲身边学习成长，吴伟最大的感触就是，父亲的眼光总是比别人看得更远。对于父亲辛苦耕耘 30 多年的建筑板块，吴伟认为，既要保持定力坚守实业，不丢建筑业这个老本行，又要依靠不断创新赢得主动，赢得未来，在守业中求思变创新。这个思路，父子俩不谋而合。根据市场要

求，父子俩对传统建筑业不断创新升级发展，一是大力弘扬“工匠精神”，打造精品工程，充分发挥中南品牌优势，积极参与城市地标性工程项目建设；二是发展装配式建筑，走新型建筑工业化之路，努力实现标准化设计、智能化生产、装配式施工、信息化管理；三是积极探索EPC工程总承包创新模式，着力推进建筑业改革发展，充分发挥工程总承包模式在工程建设行业中的优势，使项目建设在质量和速度上实现双赢；四是积极融入国家“一带一路”建设，加快构筑其海外市场版图，大幅提升海外业务营收占比。目前，公司在泰国、菲律宾、委内瑞拉、柬埔寨、南非、马来西亚等国家承建了多项钢结构、幕墙、装饰工程，推动企业向更高层次、更高水平、更宽领域发展，不断提升企业国际竞争力和影响力。

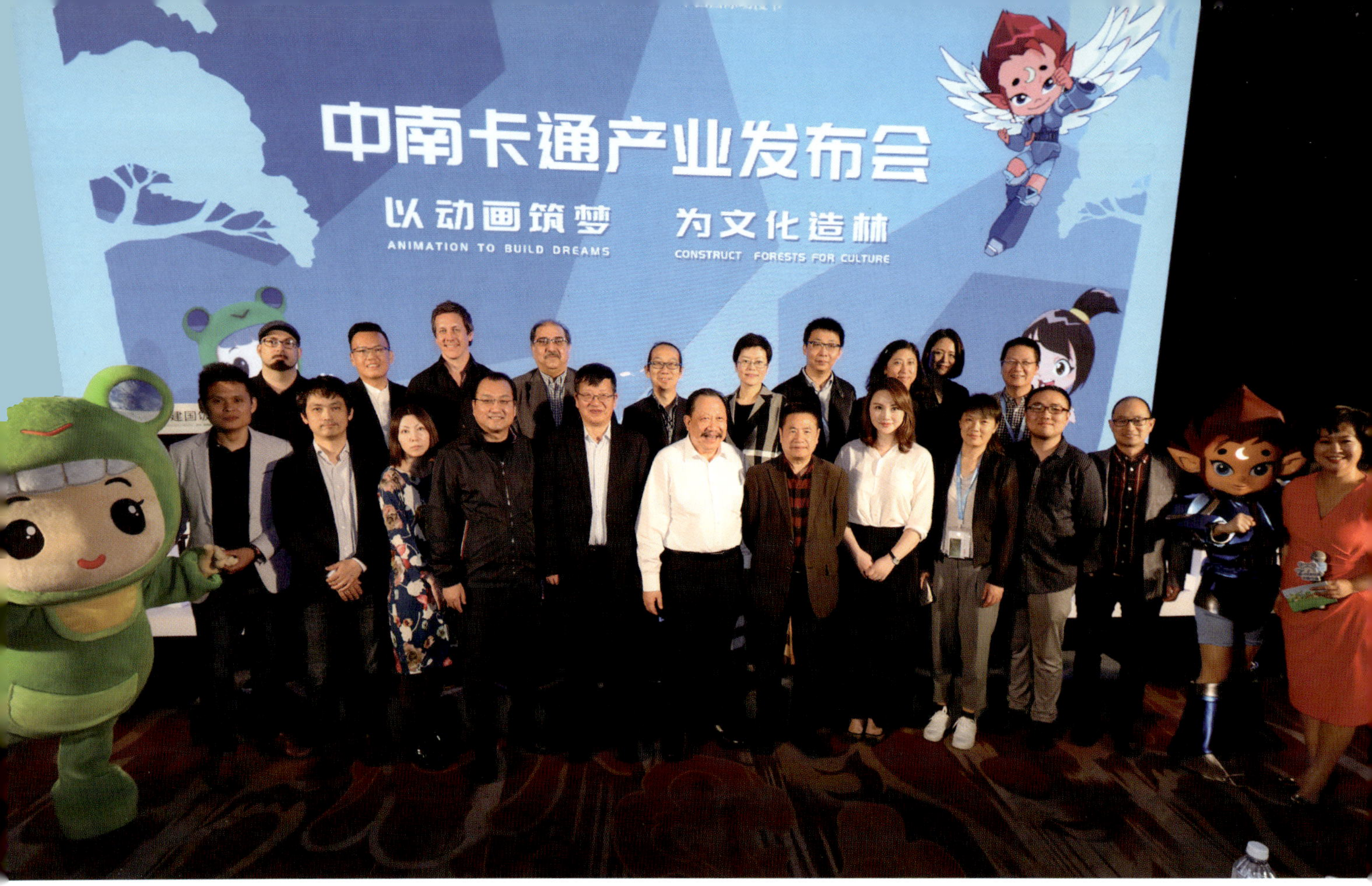
中南卡通产业发布会
以动画筑梦
ANIMATION TO BUILD DREAMS
为文化造林
CONSTRUCT FORESTS FOR CULTURE

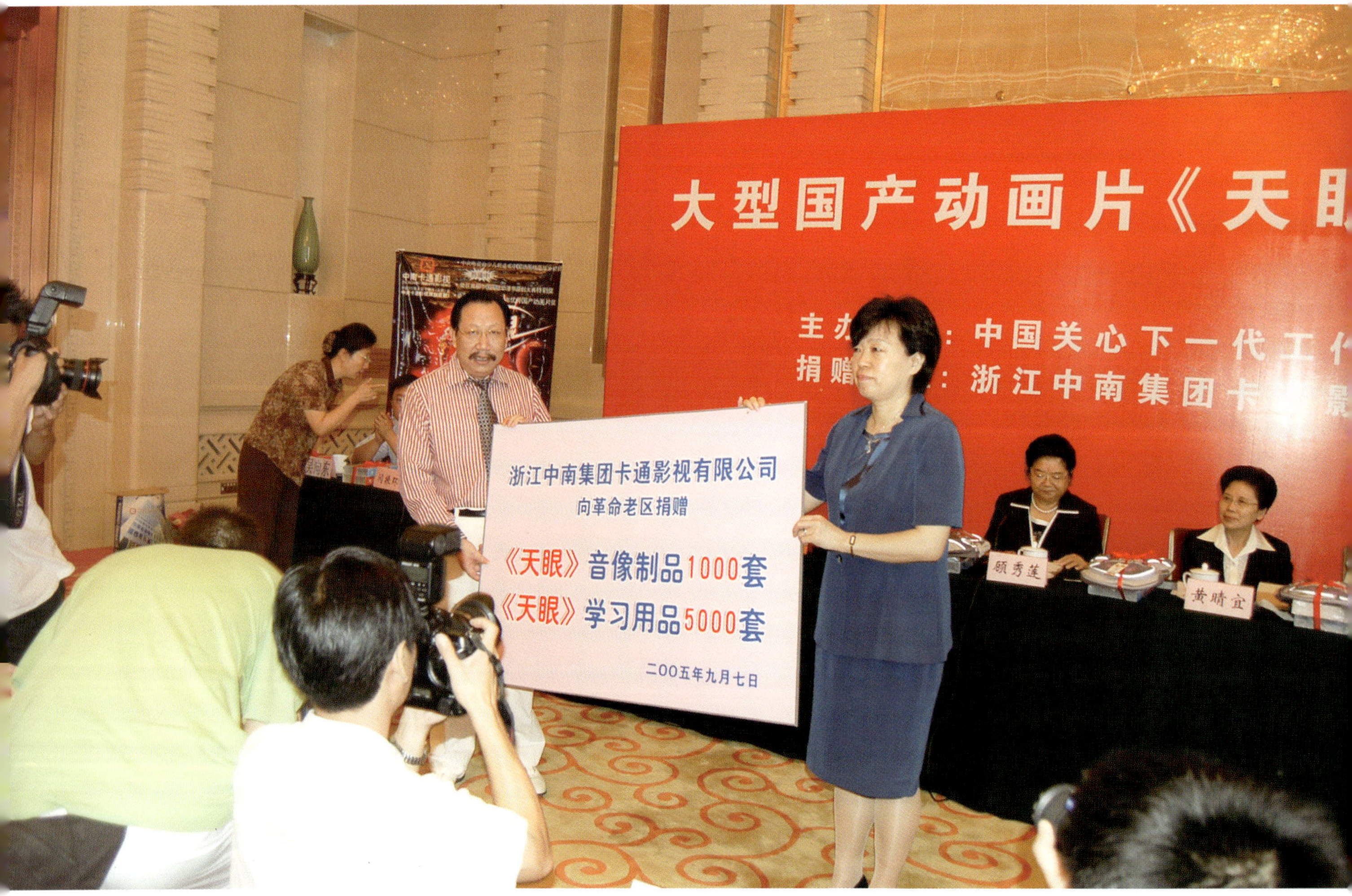
大型国产动画片《天眼
主办
：中国关心下一代工作
捐赠
：浙江中南集团卡
浙江中南集团卡通影视有限公司
向革命老区捐赠
《天眼》音像制品1000套
《天眼》学习用品5000套
二〇〇五年九月七日
顾秀莲
黄晴宜

站在父亲的肩膀上创业，吴伟深感自己责任重大。他认为，新生代企业家不是富二代，也不是守二代，而是创二代。为此，他不断摸索传承与创新的节拍，学习父辈的先进经验，让自己尽量少走弯路。在做出重要决策前，吴伟都会与父亲和公司前辈多沟通，充分倾听他们的意见和建议。与此同时，他也借助父辈的经验和自身的学识，积极尝试变革以引领新时代。作为年轻一代新锐浙商，吴伟拥有开阔的视野、创新的思维和务实的作风。留学归来后，他一直把视野投向全球，学习借鉴国际先进经验，探索“互联网+”模式，对管理模式和商业模式进行大胆变革。2017年，在他的主导下，中南集团积极推进信息化建设，打造以信息整合技术为支撑，以企业整合门户、流程管理、知识管理、经营沟通协作、移动办公为核心的一体化协同管理融合平台，不断提升企业管控水平。吴伟认为，这是一个创新与变革的时代，一个新点子、一个新思路就可能带来不可想象的机遇。所以一定要站在新的历史高度，拓展视野，寻找生存空间，推进创新驱动，实现转型升级。企业只有积极探索新技术、新业态、新模式，才能不断焕发新活力，形成新优势。

创新精神是企业家的灵魂，也是吴建荣父子在商海洪流中快人一步，先人一拍，谋求发展的重要动力。2017年5月，由中南集团和清华大学共同研发的“高层建筑波形钢板组合结构体系”科研项目，获得了5位中国工程院院士的一致通过，这是在钢结构装配式建筑研究领域的一次腾飞突破，对促进钢结构住宅工业化生产、装配化建造、绿色施工以及环保节能具有十分重要的意义。目前，公司在杭州富阳投资建立了新型建筑工业化产业园，以波形钢板技术为核心的一期绿建项目已正式开建。2018年8月，由中南集团自主创新研发的国内最先进、自带空气净化功能的“耐特兹（NOTTER-Z）”系统门窗获得了澳大利亚客户的高度肯定，双方正在积极寻求合作。

在父亲的带领和影响下，吴伟迅速成长为一个有能力、有责任、有担当的年轻企业家。对于吴伟来说，父亲一直拥有爱党、爱国的情怀，始终不忘初心，心系社会，致富思源，在捐资助学、抗震救灾、扶贫帮困等公益事业上积极奉献爱心。这些高尚的品德和社会责任感，成为他人生路上的重要指明灯。吴伟决心通过自身努力，传承父亲艰苦创业、不忘初心的优良传统，爱党爱国、坚定信念、诚信守法、敢于创新，沿着父亲曾经走过的创业之路，演绎更加丰富、精彩的人生。

吴伟没有让父亲失望。一步步走来，吴建荣见证了儿子扛起越来越多的社会责任。吴建荣对自己的要求一直是十个字——“勤奋，学习，诚信，创新，责任”，而这十个字也将成为吴伟人生路上的座右铭。在父亲的掌舵下，吴伟正慢慢拉起中南集团远航的风帆，驶向更加辉煌的彼岸。

闵学林　不变的内核与“随时代”

中国画有“经”也有“权”。所谓“经”就是不变的内核，而“权”就是“随时代”的变化。但是，中国画万变不离其宗，这个“宗”就是“经”。所以，什么是“中国画”，一望而知。

这“经”这“宗”在哪里，在理念就是“澄怀观道”，落到虚处是“气韵生动”，落到实处则是“以书入画”。“笔墨”，是中国画的“核心技术”，而核心中的核心则是用笔，就是书法。

闵学林的花鸟画是“随时代”的，但它一望而知是“中国画”，只要看看他的书法，就知道他的“经”与“宗”之所在。我以为，闵学林的书法在他这一辈中国画家里是出类拔萃的，就是在前辈中国画家里也是罕见的。

我想，这就是我们应当关注闵学林的原因。这里，是展示，更是启示。

（文 陈青洋）

人物名片：

闵学林，1946年生于江西省南昌市，1980年毕业于浙江美术学院（现中国美术学院）国画系花鸟专业研究生班，尔后留校执教至今。

现为中国美术学院教授、博士生导师，中国美术学院教师职称评审委员会高级评委，中国美术家协会会员，中国书法家协会会员，中国八大山人研究会理事，杭州市美术家协会名誉主席。

宗庆后　娃哈哈与党同行　改革开放浪激大潮

人物名片：

宗庆后，娃哈哈集团创始人，现为娃哈哈集团董事长兼总经理，中国著名的商业领袖。于1987年白手起家，成功创立了自己的品牌——娃哈哈，并迅猛发展成为中国最大的饮料企业和最具竞争力的民营企业之一。其创建的娃哈哈品牌享誉国内外，他被业界称为营销网络的“编织大师”。

宗庆后是热心公益的企业领袖，中国扶贫事业的先行者。多年来，娃哈哈在教育、社会福利和自然灾害救助方面累计捐赠逾5亿元，并荣获中华慈善奖等荣誉。他历任第十届、十一届、十二届全国人大代表，浙江省工商联副主席，中国饮料工业协会副理事长，浙江大学MBA特聘导师等。

在激荡40年的改革开放大潮中，有一家企业起步于小小的校办经销部，而后崛起成为资产超400亿元的世界食品饮料巨头，它就是娃哈哈。

它发展至今已有31年，占据改革开放40年历程的3/4，它曾经参与30年的改革开放，并将继续参与接下来更多个30年的改革开放。

深化企业改革，开启城市改革道路，娃哈哈肇兴

1986年12月5日，继农村家庭联产承包责任制的改革全国推广后，国务院颁布了城市改革领域的文件——《关于深化企业改革增强企业活力的若干规定》。1986年，杭州市上城区文教局对下属的校办企业经销部实施承包经营。1987年五一劳动节，宗庆后正式成为校办企业经销部——也就是娃哈哈集团的前身——的经理，并作为后来成立的娃哈哈集团的创始人走马上任。刚开始，经销部主要向杭州市上城区小学销售文具、纸张、饮料、拖把、笤帚等商品，利润微薄，几乎不可能完成当年上交10万元利润的任务。

转机来自生产中国花粉口服液的厂家中国保灵主动上门寻求代理合作。校办经销部代理销售中国花粉口服液后，市场订单猛增，中国保灵的产能跟不上，宗庆后

抓住时机提出为中国保灵代加工口服液，成立杭州保灵儿童营养食品厂的申请得到了当时杭州市计划委员会的同意，随后一座面积超过 300 平方米的灌装车间落成，当年完成产值超过 270 万元，到 1988 年 5 月经销部成立一周年时，经销部销售总额 436 万元，上缴利润 22.2 万元，超过 10 万元的创利指标一倍多！校办经销部开局大红！

小平同志南方谈话，鼓励大胆试、大胆闯，娃哈哈兼并杭罐厂

没过多久，由于中国花粉口服液含有激素会导致小孩子早熟的声音蔓延很广，中国花粉口服液危在旦夕，宗庆后决定自立山头打造自己的品牌。

1988 年 10 月 20 日，被命名为“娃哈哈儿童营养液”的娃哈哈自有品牌产品正式投产，这一天后来被定为娃哈哈集团的厂庆日。“娃哈哈儿童营养液”的销售队伍占领了华东、华北、华南等大部分内地市场， 1990 年销售收入更是超过 9800 万元，创造利税 2639 万元，娃哈哈的这种强势挺进被称为“娃哈哈现象”，经济学家称之为“校办企业的奇迹”。

而产品畅销导致了产能严重不足，娃哈哈急需土地建厂房扩大产能，新华社朱国贤、傅上伦两位记者的长篇报道——《发生在小学校里的经济奇迹》被时任国务院副总理邹家华看到，他做出批示后引起杭州市有关领导高度重视。杭州市委、市政府提议，娃哈哈兼并杭州罐头厂，成立杭州娃哈哈食品集团有限公司。3 个月后，亏损 4000 万元的杭罐厂扭亏为盈，震惊全国。1991 年，娃哈哈集团全年创产值 2.5 亿元，实现利润 4000 万元，发展又上一个新台阶。

1992 年初，邓小平同志的南方谈话坚定了“一个中心，两个基本点”的基本路线，鼓励改革开放加快步伐、大胆试大胆闯，为兼并事件做了肯定的历史定论。

与此同时，娃哈哈的党建工作取得明显成效。娃哈哈在 1990 年就建立了党支部，1992 年成立党委，经过 31 年的发展，目前娃哈哈共有近 3000 名党员，78 个党支部，基层党组织遍布全国

各生产基地分公司，集团上下在党的方针政策引领下不断发展壮大。

响应国务院号召对口支援三峡库区，开启全国扩张之路

1994 年底三峡水利工程正式启动，随后《浙江省人民政府关于印发浙江省对口支援三峡工程库区优惠政策的通知》下发，就这样，涪陵与浙江，涪陵与娃哈哈“姻缘相牵”。当年 8 月 25 日，宗庆后作为企业界代表随浙江省代表团考察对口支援地区四川涪陵，他一眼看中了这个扼守川渝鄂的千年古镇，决定投资建厂。10 月 19 日，娃哈哈与涪陵地方政府签订了成立娃哈哈集团有限公司涪陵分公司的协议。

1995 年娃哈哈涪陵有限公司建成投产，第一年创产值 5678 万元，利税 813 万元，其中利润 403 万元，跻身重庆市工业企业“50 强”，还解决了 1000 多名移民的就业问题。娃哈哈成为重庆市明星企业，江泽民、李鹏、吴邦国、温家宝、邹家华等中央领导先后前去考察，称赞娃哈哈“为库区对口支援树立了典范”。

娃哈哈涪陵公司不仅对涪陵当地、三峡库区对口支援建设事业做出了贡献，对娃哈哈自身的发展也具有里程碑式的意义，它开创了娃哈哈“销地产”的生产模式。“销地产”模式在全国遍地开花，娃哈哈生产规模日益扩大，不断积累与世界巨头抗衡的实力，迄今已在 29 个省份建立了 180 余家分公司。

国家鼓励引进外资，合资达能

1996 年是娃哈哈第二次创业、“再造一个娃哈哈”的战略目标冲刺过程中至关重要的时期，儿童营养液、果奶、AD 钙奶、纯净水等产品陆续问世畅销，三年前已稳坐国内行业霸主宝座的娃哈哈此时利剑直指全球，不仅要做国内市场的第一，而且要成为国际市场的强者。娃哈哈具有独特的全国性营销网络和领先的市场竞争力优势，如果再配以国际先进的管理经验和生产工艺，未来超越想象。

1996 年前后，中央及各地政府加大力度，积极鼓励企业引进外资。娃哈哈在着手寻求合作伙伴前，先被合作伙伴——达能（世界第六大食品集团）相中，双方于 1996 年 3 月 28 日签约达成

合作。娃哈哈与达能合资后，引进了大批国际上最先进的全自动生产流水线，技术能力跃升国际领先水平，为娃哈哈冲刺国际化领先巨头、第二次创业的宏伟目标奠定了扎实的基础。

合资之后，双方虽然优势互补，但并非情投意合，至 2007 年，“达娃之争”公开化、白热化，双方从“并肩前行”走到“反目成仇”。最终，在娃哈哈 2 万多名员工和宗庆后共同的据理力争之下，“达娃”双方在 2009 年 9 月 30 日发表和解声明，“达娃”长达 13 年的结盟彻底瓦解，而娃哈哈、宗庆后还有中国的民族企业却赢得了胜利与荣誉。

实施智能制造、大健康国家战略，打造下一个增长点

2015 年，娃哈哈“食品饮料生产智能工厂项目”入选全国首批工信部智能制造试点示范项目，在打造食品饮料全数字化管控的智能工厂上进行了实践探索。目前，娃哈哈完成了从自动化向智能化的转型升级，从简单的生产线“华丽转身”，升级为今天拥有智能化饮料生产线、菌种生产线等的智能工厂。同样在 2015 年，国务院下发《国务院关于印发〈中国制造 2025〉的通知》，推进信息化与工业化融合，娃哈哈在贯彻“中国制造 2025”战略上率先行动，具有示范作用。

娃哈哈的机电研究院开启在智能装备领域中的新产业探索，相继开发了码垛包装机器人、物料投放机器人等多种工业机器人，助推娃哈哈的长足发展。

2016 年 10 月，中共中央、国务院颁布《“健康中国 2030”规划纲要》，将国民健康上升为国家战略。娃哈哈敏锐洞察食品饮料行业发展趋势，于 2018 年 6 月宣布进军大健康产业。宗庆后表示，现在出现了很多富贵病，如糖尿病、高血脂、高血压，年轻人压力大、睡眠不好，很多老年人也处于亚健康状态，针对亚健康开发一些保健食品，娃哈哈开启的大健康战略势必成为下一个强劲增长点。

林富华 林知誉 林典誉　父子仨的丝绸王国林家方阵

人物名片：

林富华，现年71岁，为达利国际集团创办人，现为公司主席兼董事、总经理，提名委员会主席。林先生是一位具有远见的领导者，负责集团之整体战略规划，制定积极目标、方向。于服装制造及市场推广、品牌、零售管理拥有逾40年经验。他是林知誉、林典誉的父亲。

林知誉，现年37岁，于2010年加入达利国际集团。现为公司执行董事及风险管理委员会委员，香港房地产协会会员，深圳市服装行业协会副会长，香港总商会零售及旅游委员会委员，香港中华厂商联合会会员，香港董事学会会员，香港制衣业总商会会员及香港三维打印协会会员。持有香港中文大学理学学士学位及普林斯顿大学财务硕士学位。加入集团前，曾在亚洲国际性银行及美国国际性投资银行工作。他是林典誉的兄长。

林典誉，现年35岁，于2006年加入达利国际集团。现为公司执行董事，主要负责集团在中国大陆的业务以及新业务领域的拓展。现为中国丝绸行业协会、浙江省丝绸行业协会、浙江省高新技术企业协会、杭州市丝绸行业协会、杭州萧山工商联、国际丝绸联盟的重要成员。持有波士顿大学工商管理学士学位。他是林知誉的胞弟。

40年前，港人林富华，乘着改革开放的春风，以丝绸起家，开拓出达利集团覆盖全球的疆土。40年后，林知誉、林典誉兄弟俩齐心上阵，从父亲手中接棒，在守业中寻求创业，在创业中开拓创新；打造新时代背景下，实体产业链与互联网经济结合发展的双创新模式，碰撞出达利国际集团巨大的发展活力与生命力。

作为中国丝绸行业的龙头企业，达利国际集团这一庞大业态已成为中国丝绸产业的牢固基石。如此重担，意味着林知誉、林典誉兄弟俩肩负着助推中国丝绸文化发扬光大的使命，他们深入企业和市场一线，带领达利国际集团持续发挥产业优势，着力推动中国从“丝绸大国”真正迈向“丝绸强国”，力求在父辈的光环之外闯出一片新天地。

林知誉从小就在父亲林富华的耳濡目染下，对企业管理经营有着浓厚兴趣。从香港中文大学毕业后，他只身远赴普林斯顿大学精修财务，在国际金融枢纽华尔街开启了自己的职业生涯。2010年，这位从世界顶尖投行摩根士丹利归来的金融才子，满载专业知识与行业经验回到达利，开始了达利丝绸

二代的奋斗征程。随着互联网经济不断崛起，面对日新月异的全产业链生态经济市场，面对传统服装企业在品牌升级、产业链融合上的巨大压力，林知誉首先利用“互联网+”概念扩大商业版图，开始面向行业前沿寻求达利国际集团的转型升级与版图扩张。

林知誉接触了许多时尚服装行业上下游的企业，切身感受到这些合作伙伴面临的困境与发

展阻力。于是，他开始思考建立一个让同行业创业者们能够共享共赢的时尚产业园，这个产业园不仅是一个小规模企业集群，更要成为一个汇聚全行业的产业集群，连接起来自世界的创意，助力搭建起未来的新丝绸之路。从 2014 年起，带着“勇于进取，敢于变化”的创变基因与实干精神，凭借着敏锐的洞察力与放眼全球的市场战略，他开始大刀阔斧地对传统园区行业业态进行升级优化，背靠国际化企业背景，建立起产、学、研三合一的时尚业态产业园——“睿创世界”。

依托达利在丝绸服装行业雄厚背景创建的睿创世界，拥有包括研发、设计、印染、生产、展示、销售在内的全产业链覆盖的产业资源，吸引了多家知名品牌、时尚科技、智能供应链企业陆续入驻，集聚丝绸时尚核心资源，形成了涵盖互联网、创意新天地、品牌时尚设计、3D 人体扫描器高科技展示等的商务生态循环系统。在这座位于达利杭州总部，占地 326 亩的时尚领域全产业链生态园区中，优质的创意、设计与创新科技交相辉映，睿创世界成了服装时尚行业交流碰撞的人才聚集地，也成了传统企业资源转化输出的共享平台。林知誉的这一步尝试，既为初创企业、中小企业、跨国公司提供了覆盖全服装产业链上下游的专业服务，为拥有创业梦想的年轻人及初创团队

俞永明

香港杭州商會成立大會

提供了创新创业的平台和机会，也反过来助力达利国际集团实现品牌升级与产业创新，使之成为达利时装生态系统的一段重要延伸与顺应行业发展潮流的一次业务整合。

当年以丝绸起家的创始人林富华，秉持的是让国人能够实现温饱的初衷。40 多年前，他借着改革开放的契机成为第一批进入内地发展的香港人，在祖国日新月异的发展势头中，他也看到了当时路边许多没穿袜子赤脚的孩子，由此下定决心在中国开工厂，从丝绸产业出发，让丝绸成为普通民众都购买得起的平价产品。“达己达人，利人利己”的社会担当从林富华肩上传递，成为达利国际集团发展的核心价值观。到了林家兄弟俩接手时，人民及企业的生存问题都已基本解决，面对的挑战是如何打造更具活力、更平民化、更多样化的丝绸品牌，为集团发展注入新的时代血液。

达利从面料、款式、工艺等各方面突破传统，将丝绸创新的潮流推向了世界市场，在时尚领域掀起一波波的丝绸潮流。林家父子仨精心编织了一张覆盖全球的营销网络，在美国、英国、意大利、中国台湾均设有分公司。近年来，杭州沿着“打造女装之都、共建丝绸之府”的目标飞速发展，拥有了超越伦敦、巴黎、纽约及米兰，成为下一个国际时尚之都的潜力，达利国际集团不失时机地调整产业布局，在杭州、新昌、桐庐、东莞多地建立纺织、印染、服装生产基地，达利最大的生产中心及研发中心亦落地杭州。

林知誉一直在国外和香港两头跑，创建睿创世界共享平台，升级业务拓展海外市场，而胞弟林典誉则被父亲派到了杭州，掌控杭州各大基地的研发与生产。林典誉毕业于美国波士顿大学，是工商管理金融与市场推广专业的高才生，毕业后回到达利国际集团，从底层学起，进入深圳一家服装工厂从事服装跟单工作。正是这段深入基层的工作经历，让他学会了如何面对客户、了解客户、掌握客户需求，同时也让他掌握了和各个层次的员工沟通的技巧，在基层实践中实现知行合一，逐渐摸索到了企业管理之道。如今，林典誉是杭州各项目的一把手，面对重大团队组建的各类难题，他已能游刃有余地加以处理，无论是在企业的管理还是在业务的拓展上，他都向着父亲这一标杆楷模汲取经验，弘扬丝绸文化精髓，赋予中国丝绸新生命。

围绕着达利国际集团“达己达人，利人利己”的发展理念，林典誉一直在探索如何带领丝绸行业实现绿色发展、绿色制造，通过对丝绸生产工艺的创新，减少丝绸行业对气候和环境的影响，实现产业和生态环境的可持续发展。同时，他坚守让丝绸这一高端奢侈品进入千家万户的初心，从新的角度、新的思维出发，赋予丝绸更加年轻化、个性化、多样化的斑斓色彩。林典誉将大把的精力投入技术研发中，希望能够在种桑养蚕环节实现科学化、自动化生产，从成本上降低丝绸的价格。与此同时，他也在丝绸的款式上不断琢磨，将丝绸与年轻的受众和文化潮流结合起来，将丝绸文化与其他产业进行跨界融合，丝绸牛仔裤、丝绸运动服、丝绸职业装等时尚单品正在走进千家万户，走进人们的日常生活。让文创与科创两驾马车并驾齐驱，拉动整个产业跑得更快更远，践行达利“达则兼济天下”的企业文化精神。

2009 年 1 月 14 日，达利国际集团和杭职院签约成立校企共同体——达利女装学院，学院一直保持良好运行态势。林典誉于 2014 年加入学院的团队，一步一步深耕细作，形成了最终影响整个中国丝绸与教育行业的“达利现象”。达利女装学院开设有服装设计与工艺、时装零售与管理、针织技术与针织服装、纺织装饰艺术设计四大专业，达利国际集团投入大量师生专项激励资金，持续帮助师生成长成才，培养出专业化、精英化的实干派丝绸年轻人才。通过这一校企共同体培育出的优秀人才，接受的是真正与产业和行业痛点接轨的最新知识，并且注重对于人才综合素养与思维能力的培养。这种人才培养与输出模式，反哺了整个社会，为民族丝绸企业的发展带去新鲜动力。

一门仨父子，俱是深耕不辍，朝着建立“世界第一丝绸企业”的目标砥砺前行。即使父子三人总是分居各地，但是他们每个月总会抽出几天时间碰面，聊聊天，及时沟通达利新的发展情况。在父亲的支持下，兄弟两人执掌帅印后，各自朝着不同的方向拓展业务，在不同的业务板块中成绩瞩目。他们将丝绸以不同的方式进行呈现，将丝绸文化传递到更多领域，将中国丝绸带到更多人的日常生活中去；沿着父亲走出的脚印，厚积而薄发，生产出更有市场说服力的产品，将达利未来之路走得更加宽广，赋予“丝绸王国林家方阵”不朽的价值。

肖峰与宋韧　为师为艺、无怨无悔的夫妇

人物名片：

肖峰，1932年出生，江苏省江都市人。全国政协委员，中国文联五届委员，中国美协副主席，中国油画学会副主席，中国美术报社社长，浙江文联副主席，浙江美协主席，原中国美院院长、教授。1950年入国立艺专学习，1954—1960年在苏联列宁格勒（现圣彼得堡）列宾美术学院学习油画，1983—1996年任浙江美院（现中国美院）院长。在国内外多种报刊发表论文近百篇。作品先后在苏联、美国、日本、法国、新加坡等国家，以及我国包括港台在内的多地数十次参展，并多次获奖。1995年获法国“对人类科学文化有突出贡献勋章”，1999年获俄罗斯“普希金文化勋章”并受聘为列宾美术学院名誉教授，2000年获圣彼得堡第八届国际艺术节“艺术大师”称号，2002年获浙江省人民政府颁发的“鲁迅文学艺术奖”。

宋韧，1932年出生，山东荣成人，中国美术家协会会员。1954年毕业于华东艺专（现南京艺术学院），同年考入中央美术学院油画系进修。1956年留该校油画系任教。1961年由中央美术学院调到浙江美术学院油画系执教。1973—1983年，在上海油画雕塑院专职从事油画创作。作品曾先后在法国、美国、日本、奥地利、新加坡等国家，以及我国香港、台湾等地区展出。在全国美展中，常有作品入选，并多次获奖。

“艺术要用心灵表现灵魂，用生命表现生命。艺术要表现人与人之间爱的温暖，要歌颂和表现最让人珍惜和最值得怀念的友谊和感情。”肖峰与宋韧几十年的艺术生涯中，除了极少部分作品是“任务”，大多数作品是内心情感的流露和表达。沈柔坚先生说：“肖峰、宋韧是在革命战争中成长起来的，他们的作品是对那个充满革命理想主义和英雄业绩的伟大时代的记录和追怀，对养育了自己的土地和人民倾诉的赤子之情。”在他们笔下，我们可以看到转战在罗霄山上的游击队员，辞别江南的新四军战士，饮马扬子江的指战员，隐藏在芦苇丛中的战士……这一幅幅真切而生动的历史画卷，既是他们对少年时代革命历史足迹的形象记载，也是他们艺术激情由衷的展现。

从艺60多年来，他们创作了大量作品，其中重大作品1000多幅。这些作品主要为革命历史题材，此外，也有涵盖了山水、肖像、人物等内容的作品。完成于1960年的《辞江南》是肖峰留苏时的毕业创作，也是他早年的代表作。

1979年，他们共同创作的《拂晓》获得了第五届全国美展三等奖，这是中国现代革命历史题材的代表作之一。作品的灵感来自他们自己的经历和陈毅同志当年对他们讲过的一句话——“好好画人民军队的历程”。《拂晓》展现了这样一个场景：繁华的夜上海，霓虹灯在雨雾中闪烁；一老一小两位战士斜倚在石柱上，已沉浸在甜美的梦乡；陈毅和粟裕挎着雨衣，神采奕奕地在街头巡视。作品以小见大，表现了将领与士兵之间，人民与军队之间，以及革命战士之间深厚的感情。

“文革”结束后，肖峰、宋韧进入了创作高峰期。《我们的总司令》《总理在一九七六》《阳光下》《拂晓》《战斗在罗霄山上》《洪湖水》《深情》（表现毛主席、贺龙看望关向应同志）等作品先后诞生。

如果说肖峰的才华更多地体现在风景画上，那宋韧则以人物画确立了自己的艺术风貌。20世纪50年代留苏的时候，肖峰就在苏联创作了大量的风景写生，描绘了浓郁的俄罗斯风情，触摸到了俄罗斯民族顽强跃动的脉搏。20世纪七八十年代，他先后到皖南画了《云里美人雾里山》《东流山——皖南事变激战之地》《章家渡——新四军兵站》《青弋江上》《山村》《水中行》等风景画，将对战友的缅怀、思古之幽情凝结在作品中。八九十年代至今，肖峰一直坚持风景画的创作，还开始国画创作。这些风景画都取材于平常的景色，但他用神奇的色彩将其变成美丽的画面。他的画常常是寥寥几笔就能传达出浓郁的诗意。20世纪80年代初，宋韧也开始了大量人物画的创作，其中《小八路》《黄水娃》开启了跨度长达30年的“同龄人”系列的创作。《菡姐当年》也开启了跨度长达30年的“从硝烟中走来”组画的创作。也许是受其恩师王式廓的影响，宋韧

喜欢人物画，认为人是宇宙间最有智慧的生物。她特别注意抓取对象的神，通过创作不同年龄、性格，不同环境中的人，展现出丰富多彩而又博大的精神世界。她的“同龄人”系列的作品《小八路》《黄水娃》《原上草》《小戈十岁》，通过孩子不同的生存环境，表现不同的时代。“从硝烟中走来”组画——《菡姐当年》《少年兰妹》《战地玫瑰》表现不同历史时期不同的“美”女，表现其灵魂、道德和品格的美。这些人物画都浸透着她的感情和思考。

改革开放的春风，让在上海油雕院工作的肖峰、宋韧夫妇尽情用笔倾吐心曲，抒发激情，他们迎来了创作的春天。1982年，时任浙江美院院长的莫朴来访，向他俩发出回校工作的邀请。为了学校的发展大局，肖峰暂时放下了手中的画笔，回到了母校，担任了第10任院长。这一干就是13年。在当院长期间，他在继承林风眠和潘天寿教育思想的基础上，大刀阔斧、锐意创新：改革用人机制，改善办学条件，设置新学科，多方招揽人才，加强对外艺术交流，大力奖掖后进，提出多渠道办学思想，积极吸引海内外企业支持，在上海实行股份制办学，设立设计学科，在滨江置地，改校名为中国美院，等等。这些前瞻性的举措为学校的发展奠定了坚实的基础。提到这些往事，肖峰总是说，自己做得还不够，但他随后就理直气壮地说："我虽然放下了手中的小画笔，但拿起了培养人才的大画笔。看到一代代艺术新人的成长，我感到自己的付出是值得的，我当铺路石，当园丁，是值得的，我无怨无悔！对我的人生经历，我所走过的艺术之路，我同样感到无怨无悔！"

在肖峰走向前台的时候，一向要强的宋韧却走向幕后。她随后也来到了美院，在油画系担任教师，并在背后默默地支持着丈夫，支撑着这个家。正如曾任中央美院院长、肖峰助理的潘公凯教授所说："宋韧是在肖峰任职期间起了关键的支持作用。宋韧待人非常真诚，一点都不虚假，不装腔作势。她是一个性格坚强、情感浓烈的人，爱就是爱，恨就是恨，毫不考虑个人利益。"离休后，宋韧回归平凡的居家生活，她以自己灵巧的手和爱美的心将家营造为"理想国"，热衷于研究茶道、园林和室内设计。肖峰退休后，他们又一起品尝着迟来的生活乐趣和甘甜。他们一生都在寻求生命的"真"，感悟着人性的"善"，创造着艺术的"美"。他们的青春与激情在无怨无悔中挥洒。

姚克　中国眼科的领路人

人物名片：

姚克，浙二眼科中心主任，浙江大学眼科医院（筹）院长，浙江大学眼科研究所所长，中华医学会眼科学分会主委，全国白内障学组组长，国际眼科理事会理事，国际眼科科学院院士，亚太白内障及屈光手术学会副主席，亚太眼科学会中国区负责人，浙江省科协主席，浙江省医学会会长，浙江省医师协会会长。

过去30年，推动我国白内障手术5次革新。主刀手术达4万多例，发表学术论文364篇，其中被SCI收录165篇，以第一获奖人两次斩获国家科技进步二等奖，获5项国家发明专利，在国内率先囊括中华眼科三大最高奖。

承担和完成国家"十一五"科技支撑计划和重点国家自然科学基金等30多个科研项目，在浙江率先基本实现县级医院即可完成"超乳白内障手术"的计划，并建立我国首家汽车眼科流动医院。

姚克的书橱里，珍藏着一张与导师Flammer教授的合影。这张照片拍摄于1990年，地点在瑞士巴塞尔大学，这是当时国际上最好的眼科院校之一。

彼时的他，意气风发，顶着"改革开放以来中国第一位自主培养的眼科博士"的光环，获得眼科医生首批出国留学的机会，并一举拿下瑞士眼科最高奖Alfred-vogt奖，成为该奖设立51年来唯一的亚洲得主。

Flammer教授想留下这位前途无量的弟子，开出了前所未有的丰厚条件，却遭到了婉拒。临别前，师徒俩留下了这张合影。

泛黄的照片里，穿着白大褂的姚克，笑容灿烂，让人一下子能感受到那个年代的中国学子对学成回国的期待与热血。

而后的近30年，正是这位有抱负的年轻人，推动了国内白内障手术的5次革新，建立了我国首家汽车眼科流动医院，在"轮子"上实现贫困眼病患者的光明梦，并多次刷新历史，将中国眼科从"一穷二白"带到"接轨世界"，再到"引领世界"。

采访当天，我们的话题也从这张照片聊起。

姚克表示"很害怕采访时拔高自己"，在回国问题上，他极其实在地解释了当时的真实想法：觉得国外不缺医生，但中国缺。理解这句话，要从他的经历说起。

1978年，改革开放的春风在神州大地荡起一股沁人心脾的春意。恢复高考，让"知识改变命运"的号角响彻神州各个角落。

当过四年知青的姚克，已经从农村回到了杭州，憋着"要为贫苦眼病患者做些什么"的一口气，求知若渴。在恢复眼科研究生招生的第二年，即1979年，他考取了山东医学院硕士研究生，又在1985年，以第一名的成绩，进入上海第二医科大学，攻读眼科学博士。

1988年，他被浙江医科大学派到瑞士留学。当时，国内眼科发展刚刚起步，临床、科研与国外差距很大，想要在学术上有所建树，"留下"是导师眼中最好的选择。

为此，Flammer 教授为手术与研究俱佳的东方弟子提供了最好的职位，月工资接近 9000 瑞士法郎。当时在中国，普通医生的月工资只有 300 元。在瑞士干 1 个月拿的钱，等于在国内干 10 年！

即便如此，姚克仍然拒绝了。

对于那一代学子来说，没有改革开放，他们不可能出国。改革开放不只打开了国门，还打开了大家满怀梦想、渴望奋斗的心。

回忆起人生这个最重要的决定，姚克的话很打动人："我下过乡，插过队，见过贫苦的眼病患者痛苦地生活在黑暗之中。我知道，我的前途在中国，我的挂念也在中国。"

1990 年，姚克凭《猪眼动脉内皮依赖性调节》研究开启正常眼压性青光眼血流学说，并拿下 Alfred-vogt 奖。同年，他辞别一再挽留的恩师，带着 Alfred-vogt 奖金 1 万瑞士法郎回国。目睹国内医院设备短缺，他当即决定以奖金购买眼科设备捐给母校。Flammer 教授大为感动，并补上 1 万瑞士法郎，亲力支持弟子。

这 2 万瑞士法郎，在姚克的坚持下，为国内引入了第一台青光眼检查自动视野仪，这台仪器"服役" 7 年，造福了成千上万的眼病患者。

20 世纪 90 年代初，随着改革开放的深入，全社会尊重知识、重视人才、重视科技创新的氛围越来越浓厚。1991 年，教育部不拘一格选人才，年初刚被评上副教授的姚克，到了年底，成为当年浙江医科大学唯一一位被破格提拔的正教授。

人才，迎来最好的时代。

姚克更加谨记回国时许下的三个愿望：拥有国际最先进的眼科设备和仪器；建立汽车眼科医院为贫困患者免费手术；建立一所更大、更宽敞的眼科专科医院。

韩红爱心
HANHONG AIXIN
韩红爱心 复明中心

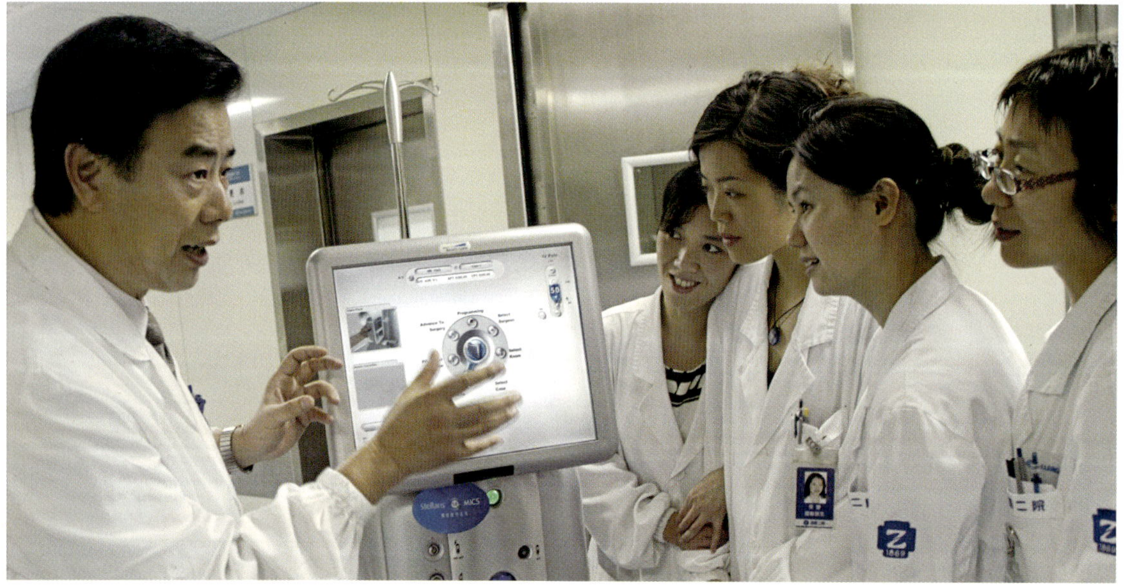

“眼睛是精密的器官，没有先进的仪器，就好比战士打仗没有武器。”姚克说。时间回溯到1996年，当时的改革开放正处于一个转型的新时期，各行各业解放思想，积极探索新模式。在这样的环境下，浙江大学医学院附属第二医院择优引进外资，合作成立“浙二眼科中心”，也得以购进价值数千万元的医疗设备。

在新体制的助力下，浙二眼科中心开启了加速发展模式。从刚成立时的11位医生、15张床位，年门诊量只有两三万人次，发展到如今手术量已达6.5万例，年门诊达70万人次。

也是在1996年，时任全国人大代表的姚克，动员社会各界力量，创建了全国首家汽车眼科流动医院，至今已踏遍省内各地山区与海岛，去往边疆，开展免费白内障手术近12000例，在中西部地区建立9所复明中心。

20多年来，姚克系统阐明白内障发病机理，相关成果使百万眼病患者受惠；推动白内障手术从12毫米大切口，进入飞秒激光的“无刀时代”；目前在干细胞诱导的人类晶状体和飞秒激光白内障两大热点研究领域，并跑和引领世界。

今年，他的第三个梦想即将实现——由浙大二院与浙江大学联合推动，浙二眼科中心将建成浙江大学眼科医院，这会是国内最大的眼科专科医院之一。

采访尾声，姚克这样形容与Flammer教授合影的意义：不忘初心。

“我是改革开放的亲历者、参与者，也是受惠者，而最大的受益者是老百姓。让国内眼疾患者正常生活，始终是我奋斗的初衷。”

池幼章与池宁平 父子同心其利断金的“利民第二春”

人物名片：

池幼章，现年83岁，曾任浙江利民皮鞋厂厂长兼党委书记、台州市第一届工商联合会会长、第一届台州市企业家协会会长，现任吉利汽车零部件供应商协利会会长、浙江利民实业集团有限公司董事长兼党委书记。获评浙江省劳动模范，全国“五一”劳动奖章，全国劳动模范，《共产党员》封面人物，浙江省优秀企业家；曾当选为黄岩市人大常委会副主任；获“2018浙江省优秀建设者”“2018年度风云浙商人物”称号。

池宁平，现年54岁，浙江利民实业集团有限公司副董事长、副总经理，浙江利民韩一汽车部件有限公司总经理。获黄岩区劳动模范称号。曾当选黄岩区第十五届人大代表，黄岩区十、十一、十二届政协委员；现为黄岩区第十四届政协委员、常委，黄岩区企业家协会副会长。

2019年1月18日，浙江经济界的“奥斯卡”——第16届风云浙商颁奖典礼在杭州举行，台州企业家池幼章被评为2018年度“风云浙商”；时间回放第78天，2018浙江省非公有制经济人士新时代优秀中国特色社会主义事业建设者表彰大会上，他荣登前列；池幼章成为历届同类奖项中屈指可数的年过八旬，仍然活跃于企业一线的高龄企业家，他获得这些荣誉，可谓实至名归。

池幼章的一生跌宕起伏，从辉煌到困顿，从高峰到低谷，从主角到配角；人生千百种况味，他都曾亲历过，一次次蛰伏与再起，坚守着生命不息、奋斗不止的坚韧。青年时期蒙冤戴“帽”，饱受不平的待遇与折磨，待平反后一飞冲天，建立起名满天下的鞋业王国。当一手创建的鞋业王国遭遇毁灭性打击时，即便年近七旬，坚持急流勇进，转而投入完全陌生的汽配制造领域，从门外汉到吉利集团汽车配件的核心供应商，在人生最后的谢幕演出中，老骥伏枥，志在千里。

当年，是党的十一届三中全会让他重获新生，42岁的他摘掉了反革命的“帽子”，下海创办鞋厂。为了让“老百姓都穿得起皮鞋”，让改革开放的阳光雨露润泽万户，便取“利国利民”之意，将鞋厂命名为“利民鞋厂”。

摸着石头过河，从无到有，建立起了自有品牌“天牌”。

池幼章一头冲在改革的最前线，带着工厂的设计师、销售人员跑遍全国各大商场，一步一个脚印实地调查，最终生产出款式新颖、牢固舒适的天牌皮鞋。在池幼章的悉心经营下，天牌皮鞋开始在全国各大城市的百货商场设立专柜，一时间风靡大江南北。当时，一双皮鞋售价仅二三十元，

利民鞋厂的年销售额却可以稳定在亿元以上，“天牌皮鞋走天下，一路风光一路情”这句耳熟能详的广告语成了当时“天牌”火爆程度的真实写照，“天牌”成为家喻户晓的品牌皮鞋，也成为当时高端皮鞋的代名词。

但在世纪之交，温州鞋业异军突起，涌现出一大批高度重视款式、科技含量的新兴鞋厂。面对瞬息万变的市场环境，池幼章却被浮名遮住了双眼，“天牌”带来的鲜花与掌声让他有些飘飘然，他丧失了对市场竞争的警惕。正是这份大意，利民皮鞋的市场份额被温州皮鞋不断侵占，利民鞋厂遭到毁灭性打击，等到池幼章回过神来时，“天牌”皮鞋大势已去。企业濒临倒闭，上千名员工面临下岗危机，池幼章猛然从云端惊醒，看着亲手创立的“天牌”一夜坍塌，他在困顿中自责、自省，却没有自我放弃。3年时间，池幼章蛰伏在方山脚下蓄势聚力，为了利民能够存活下去，也为了心中不甘失败的那份倔强，他在困境中苦苦探索新的出路。

2003年，濒临破产的利民鞋厂开始变卖资产清偿外债，在吉利控股集团董事长李书福的帮助之下，池幼章决定从鞋厂转型为专业汽摩配件厂，这是个零基础再出发的艰难历程，皮鞋制作科技含量不高，工艺流程也简单，但汽车配件制造的技术要求十分严格，动辄就是几百几千万元的设备投入。在这之前，池幼章甚至连注塑机都没摸过，定下这一战略跨步后，他经常接连几夜通宵不眠，攻克难题，800多个日夜的焦虑和奋斗，最终迎来了利民转型的基本成功，也为企业上千名员工重新带来了曙光与希望。

时年 67 岁的池幼章敢于在穷途末路之际绝地反击，从外行到内行，仅仅几年时间就成为黄岩区首屈一指的汽摩配件生产商，并成为吉利控股集团的核心供应商。在外人眼里，这是利民企业一场传奇式的涅槃重生，但池幼章在欣慰之余也感到几分失落，利民生产的汽车配件成了吉利品牌的附属产品，与过去名闻业内的“天牌”相比，利民在某种程度上从主角变为了配角。

但在儿子池宁平的观念中，却从未有过从主角到配角的失落感。池宁平遵照父命于 1990 年离开审计事务所，开始进入利民企业，从皮鞋销售做起，见证过“天牌”皮鞋火遍大江南北的盛况，他在湖南当了 3 年左右的分区经理，深入销售一线和生产一线感受过“天牌”皮鞋的崛起与庞大王国。从湖南回到黄岩之后，他尝试投资印染厂、毛纺厂等扩展业务，最终还是将目光落在了汽配制造上。在池宁平看来，利民具备汽车配件生产的先天优势，台州汽车配套产业完善，黄岩更是闻名遐迩的模具之乡，产业资源雄厚，专业人才丰富。同时，汽车产业科技含量高，产值、利润也高，符合新时代高质量发展的要求，从鞋厂到汽摩配件厂的转型，并不是从主角变为配角的过程，

而是利民真正在市场竞逐中找到了能够充分发挥自身优势的新的发展道路。

在这种先天优势下，利民在汽车配件生产过程中，充分整合在黄岩的资源优势，从无到有再到蓬勃发展，一路顺遂。麾下主要工程师也大多是黄岩本土从基层学徒成长起来的技术人员，专业水平比较高，这也是李书福在利民企业一无所有的情况下仍愿与之建立合作关系的重要原因。利民凭借高质量、低成本的产品，打响了新的品牌，和过去知名度响当当的“天牌”相比，利民不

再以某个单一品牌说话，而是以工厂过硬的技术实力说话，利民本身就是一张闪闪发光的金名片，在“配角”中很快成长为新的“主角”。

世界聚焦吉利，吉利的发展根基在台州，吉利汽车的突飞猛进代表着中国改革开放的快车，正在向全世界挺进。“作为吉利的核心供应商，我们利民从紧步其后，到加快战略发展步伐，再到朝着实现领跑的目标不断改革创新。”执掌汽配产前研发和技术质量的池宁平如是说。

“薄利多销”是中华民族商业文明的精髓，也是池幼章始终发扬和继承的传统经商美德，他懂得感恩，懂得知足，凭“薄利多销”的销售理念，每年给吉利省下不少的成本支出，成为吉利供应商的成本标杆，同时影响了一大批业内供应商，努力帮助吉利去“造老百姓买得起的车”。吉利的雄心不仅仅是造老百姓买得起的车，更是要造老

百姓买得起的好车，这就需要利民产品在追求低成本的同时，更要严把质量关；以高质量、低成本的产品，在与吉利的合力并跑中，继续践行"利国利民"的企业宗旨，力争成为吉利供应商的质量标杆。

在池宁平眼中，父亲是一个工作至上的人，也是一个极简单的人，从"让老百姓穿得起皮鞋"，到助力吉利能够造出"老百姓买得起的好车"，不管身处低谷，还是坐拥荣耀，他始终记得对于党和时代的感恩和利国利民的初心，83岁高龄的他依然紧跟着新时代的脚步，为国富民强贡献光热。如今父子同心同德，怀揣"利国利民"的仁心去关照千家万户，也关怀着利民的每一位员工。企业盈利了，就想着提高员工的福利待遇。利民员工曾经是最早一批享有5天工作制福利的员工，各种生日补贴、年终补

贴、子女上学补贴等都是同行业中令人歆羡的水平，企业真正把员工当成利民的主人，员工们也就把利民当成了自己的“家”。

年逾八旬犹未悔，池幼章的一生经历过贫困、冤屈、疾病、濒临破产等种种难关，他总结自己戏剧般起伏的人生，最后得出“第一要敢于肯定自己，第二要勇于否定自己，第三要善于重塑自己”的人生感怀。一次次受挫，又一次次再起，如今，池幼章凭借“生命不息，奋斗不止”的朴素信念，演绎着父子同心、其利断金的“利民第二春”的精彩大戏。

正如泰戈尔所言，“只有献出生命，才能得到生命”，纵观池幼章的人生轨迹，实乃异曲同工耳。

黄建明　助推校外教育公平化　为青少年创造美好生活

人物名片：

黄建明，男，汉族，1969年7月出生，本科学历，中共党员；中学高级教师，浙江桐乡人，祖籍浙江绍兴。1988年毕业于浙江平湖师范学校并在杭州市学军小学参加工作，先后任学校教导副主任4年、副校长2年，1997年7月起任浙大附小——杭州求是小学校长；2003年7月起任杭州市西湖区教育局副局长；2004年12月起任杭州青少年活动中心主任。于2000年被评为浙江省特级教师，2001年被评为全国优秀教师；现兼任中国青少年宫协会副会长兼理论研究专委会主任、中国教育学会校外教育分会副理事长。先后编撰出版《为了教育公平》《社会转型时期青少年宫发展的探索》等论著，系杭州师范大学兼职硕士生导师。

在风光秀美的西子湖畔，坐落着一个充满了古风新韵的花园式单位，这就是陪伴着几代杭州人成长的杭州青少年活动中心。

杭州青少年活动中心成立于1958年，是浙江省和杭州市两级政府共同投资建立的大型综合性青少年校外活动场所。从建宫初期的“边筹建边活动”，到准确把握改革开放发展机遇，再到近十几年的高速发展，杭州青少年活动中心始终坚持“公益办宫”理念，不断丰富校外教育的内涵，积极探索校外教育公平化路径，规模和水平均位于全国领先行列。

改革开放后，尤其是近十几年，杭州青少年活动中心以校外教育的优质、公平为目标。2006年以来，中心先后提出了“队伍专业化、管理信息化、项目品牌化、水平国际化、规模集团化、服务公平化、功能综合化、组织社会化”等发展目标，确定了“覆盖杭州市区60%以上地区、80%以上人口、15分钟车程”的校外教育公平化目标，制定了“东西南北中各建一个少年宫”的战略

部署。在此后的近 13 年时间里，中心先后建成了杭州市青少年发展中心、杭州青少年文化创意培训中心、杭州金成青少年活动中心、杭州滨江青少年宫等场所。恰逢改革开放四十周年，活动中心“东西南北中”的战略布局已全部完成，杭州的孩子们在家门口就可以享受到优质的校外教育资源。除此之外，活动中心还帮扶桐庐青少年宫建成了桐庐儿童乐园，让桐庐的孩子们享受到低价优质的阵地活动；围绕“体验教育”和“五自（自学、自理、自护、自强、自律）教育”理念，建成了杭州（国际）青少年洞桥营地，设置生活自理、生存训练、军事体验三大类近百项活动，和 2008 年建成的“Do 都城少儿社会体验馆”相衔接，建成了覆盖从幼儿园到青年、成年人全年龄段的综合实践活动体系。洞桥营地先后获得全国首批中小学生研学实践教育基地、全国新时代青少年实践活动创新营地、市中小学生综合实践活动基地等称号。目前，杭州青少年活动中心管辖的校外活动场所建筑面积已经从 2006 年前的 1.7 万平方米发展到 16.57 万平方米，活动中心二期改扩建工程“杭州少先队总部”项目（2.6 万平方米）也即将开工建设。

杭州青少年活动中心通过信息化建设支持集团化、公平化发展，于 2006 年开发了集网上报名、摇号、缴费等于一体的培训、活动的业务管理系统，既避免了家长漏夜排队的辛苦，也杜绝了

走后门、托关系的陋习，让更多的孩子有参加校外兴趣培训的机会，有效推进了公共服务资源分配的公开公平公正，实现了报名缴费“一次都不用跑”的目标；开发了一卡通服务系统，实现了无现金管理，极大地节约了财务管理成本，方便了学生和家长，杜绝了浪费和腐败；开发了 OA 管理系统，实现了管理流程标准化，保证了管理质量，降低了管理成本，实现了一套班子对七个场所实行一体化管理的目标。

杭州青少年活动中心始终坚持面向全体，全面开放。几十年来，活动中心致力于加强和改善未成年人思想道德建设。在这里，青少年可以无门槛参与校外活动；各类主题教育活动全免费；兴趣培训项目低收费并对杭州市困难家庭子女实行全部免费。目前，每年在这里参加兴趣培训活动的学生数量近 30 万，超过 50 万人次青少年参加群众性主题教育活动；超过 500 万人次青少年参加 Do 都城职业体验、儿童乐园室内外游艺、游泳馆、美劳世界等阵地开放活动。活动中心还成立了少年科学院、艺术团、书画院、文学院等大型青少年业余社团。2016 年 G20 杭州峰会期间，艺术团的部分小朋友参加了 G20 峰会文艺演出——大型水上情景交响音乐会“最忆是杭州”，得到了社会各界的高度肯定。

实践体验，创意创新，杭州青少年活动中心还培育出一系列教育品牌活动。杭州市中小学生科技节、艺术节已连续举办 11 届；西湖情玫瑰婚典活动已举办了 20 届，每年在西子湖畔上演万人瞩目的婚礼盛典，已有近 3000 对中外新人通过活动缔结良缘。2005 年，为解决未成年人校外活动场所总量不足、分布不均的问题，活动中心成功创造了“流动少年宫”校外教育活动模式，该模式由省青少年工作领导小组在全省全面推广并成为浙江校外教育品牌，被全国多数省市模仿和推广，使广大农村地区青少年开始接触和享受少年宫教育。2008 年，为提高少年儿童对真实世界的认知与适应能力，活动中心在国内首创了 Do 都城少儿社会体验馆，以真实的社会生活为模板，设立仿真儿童城市，为 4—12 岁的少年儿童提供公共管理、政法军警、金融贸易、文化传媒、工商企业、科学研究等六大类别体验活动项目，是全国体验教育示范基地、全国科普教育基地、省青少年法治教育基地、省青少年禁毒教育示范基地等。2009年，为拓宽社区青少年成长活动空间，加快未成年人校外日常活动场所建设，活动中心启动了社区青少年俱乐部建设试点工作，目前全市已建成730家，覆盖全市所有区、县（市），每年参与的青少年超10万人次，成为杭州市精神文明建设的亮点项目；俱乐部同步建立社区少先队组织，创新了少先队组织的社区建制模式，全国少工委和教育部曾在杭州召开现场会进行推广。2010年，为满足中学生实践成长需求，活动中心联合团市委等有关部门共同打造了杭州市中学生社会实践服务平台，实践基地已达253家。2017年，依托洞桥营地，活动中心首创了“营地＋农户”农事体验模式，既提高了中小学生学农教育的时效性和质量，又带动了周边农村的经济发展。

在党的十九大会议上，习近平同志提出，进入中国特色社会主义新时代，我国社会主要矛盾已经转化为“人民日益增长的美好生活需要和不平衡不充分的发展之间的矛盾”。经过几十年的努力，杭州青少年活动中心已逐步发展成集思想道德、科技创新、文化创意、体育健康、游戏娱乐、劳动和社会实践六项内容，兴趣活动、主题教育、阵地开放三种形式于一体的综合性校外活动场所，并积极营造青少年校外教育“自由、平等、公正、法治”的社会环境，促进青少年的健康发展。杭州青少年活动中心已经在“为青少年创造美好生活”、让更多的青少年享受到优质公平的校外教育资源的道路上阔步前进。

舒强 儿科医学的"领跑者" 儿童健康的"守护神"

人物名片：

舒强，浙江大学医学院附属儿童医院党委书记，小儿心脏中心主任，浙大求是特聘医师。国家卫计委突出贡献中青年专家，浙江省突出贡献中青年专家，省卫生领军人才，省"万人计划"杰出人才，中华医学会小儿外科学分会常委，中国妇幼保健协会妇儿健康临床标准与规范委员会副主任委员，省医学重点学科（小儿围术期医学）带头人。曾获国家科技进步二等奖、中华医学科技一等奖、浙江省标准创新重大贡献奖、浙江省科技进步一等奖和宋庆龄儿科医学奖等。

人们说医者仁心，患者安心！上善若水，厚德载物！

孩子成长的关键是教育和健康。而担纲这两项重任的一个是教师，一个是医生。教师负责孩子的精神健康，医生负责孩子的身心健康。医生不仅要治愈身体的疾病，还要重视精神抚慰。肉体治疗相对好实施，精神抚慰又如何才能做到呢？

病人就诊陈述病情，是让医生去发现，寻找有关病情，并对病情进行客观而科学的分析，判断出病情"靶点"，提供正确诊断和正确治疗的唯一通道。

儿科自古以来就被称为"哑科"，有着"宁治十男子，莫治一妇人；宁治十妇人，莫治一小儿"的说法。一方面，儿童是祖国的花朵，娇嫩的花骨朵儿最是脆弱，稍有不慎或疏忽，就会出现大问题，需要倍加呵护；另一方面，医生又难以从病人口中直接了解到病情，孩子的认知也容易受到父母意志的影响，干扰医生对真实病况的判断。这里，肉体治疗与精神抚慰的双重压力比医治成人更大，也更花心思。

儿科心外科医生舒强，每天和患儿打交道，不仅要更加耐心细致地望闻问切，更要注重与家长的沟通。家长往往对医生的期望值很高，但对疾病本身缺乏深入了解，加上孩子成长快速，不同的成长阶段需要不同的治疗手段。儿科医生不仅面临着医术上更精准的考验，也更需要一颗仁心。

行医30多年来，舒强救治患儿无数。他除了对医疗技术精益求精外，也很重视人文关怀，不仅与患儿和家长感同身受，还设身处地为他们着想。但由于现实种种因素，舒强在治疗的过程中也难免遭受患儿家属的误解。他深知病人缺乏对病情了解容易引发医患关系紧张。对于舒强来说，工作忙、病人多，这些都是工作中的常态，但他始终把对病人家属的精神抚慰和及时沟通摆在了重要的位置。在整个治疗过程中，病情如何、治疗情况如何，他都会及时反馈给家长，实现信息互通。医生从医疗的角度与家长进行沟通，医患双方信息对称、达成

共识，搭建起信任的桥梁。医生和家长同心协力，站在同一战壕里对抗疾病，为孩子的健康成长而努力，医患关系紧张的问题也就迎刃而解了。

浙大儿院小儿心脏外科自 20 世纪 80 年代建立以来，经过 30 多年的发展历程，形成了心内科、心脏超声、影像、体外循环、麻醉、监护等各垂直细分科室同步发展，多学科交叉合作的良好态势。舒强所在的浙江大学医学院附属儿童医院，始终走在国内小儿心脏外科第一方阵，每年治疗的心脏病人多达 1800 余名，无论在治疗效果还是手术难度上，都已稳居国内儿科第一方阵。作为浙大儿院的党委书记、小儿心脏外科的学科带头人，如何解决心脏外科中的疑难杂症，如何建立体外生命支持团队，如何提高新生儿救治水平，都是舒强始终扛在肩上的重担，亦是浙大儿院需要不断攻克的难关。

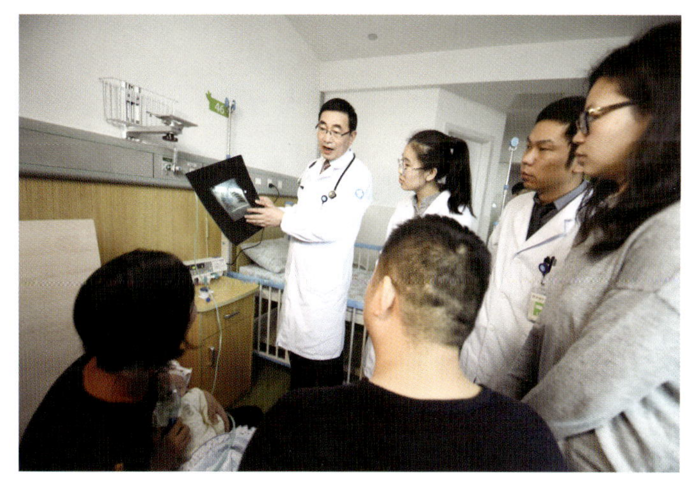

除了追求医术上的精进，临床研究的突破也是舒强的目标。他说，临床不仅需要技术，也要创新。医生做科研，最终目的是让患儿得到救治。有了科研的支撑，临床工作才能有发展，才能走得更远更快。怀着对医学严谨的态度，秉持着一名儿科医生的责任感，舒强在坚守的同时又立意创新，在问题中求发现，在发现中求创新。近代著名教育家陶行知说："发明千千万，起点是一问。"事物的发展就是不断地发现和解决问题，解决问题是创新的重要手段。必须始终盯着工作中的问题谋创新，这样才能"创"到点子上。

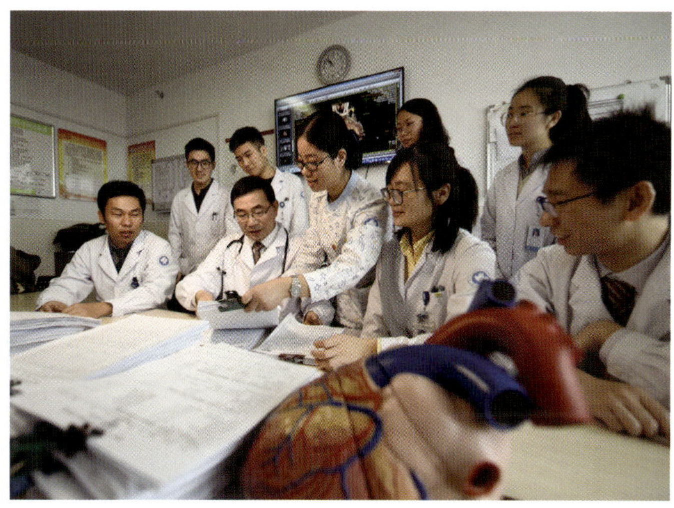

预防出生缺陷、提高出生人口素

质是一项事关家庭幸福、民族兴旺的重大民生工程，也是舒强及团队一直在挑战的重大难题。十多年来，通过对外科手术、内科诊断及每年死亡评审的科学分析，舒强领头的团队在量变中寻求质变，紧紧围绕出生缺陷防治国家需求和三级预防中存在的脱节问题，率先开展了出生缺陷20余项干预资源创新整合研究，推动建立了国际上最大最佳的新生儿疾病筛查中心。通过浙大儿院搭建的先天性心脏病筛查网络平台，不少家庭的孕妇能从产前筛查开始，第一时间筛查出胎儿的疾病，在产后第一时间将患儿转至浙大儿院，及时诊治新生儿病情，为新生儿的健康成长保驾护航。

事实上，一个孩子要从胚胎成形到健康成长，涉及诸多医学领域的密切配合，预防工程更是一个系统工程，需要各个流程环环相扣。而一套科学化医疗标准的制定，更是一项牵涉广泛、环节复杂的浩大工程，面临着来自各方面的阻碍。但他克服了重重困难，带领团队研发了出生缺陷疾病预警、诊治与疗效的评价技术，创建了重症复杂先心、遗传代谢病等高发、重要出生缺陷防治标准管理体系——《出生缺陷综合预防规范》。

"十几年来，舒强几乎把所有的业余时间和精力，都用来做这一件事情，工作人员的调度、与政府部门的协调、落地程序的逐步推进，都需要他进行牵头、把关和推动。"团队骨干陈婉珍主任如是说。这是一条国内外都没有人走过的路，没有雄厚的经费支持，也没有前人的经验可借鉴，舒强和团队"摸着石头过河"，成为了制定预防出生缺陷科学标准的第一人。

在舒强制定的这套规范中，将应对疾病的每一个步骤标准化，并详细提供了针对不同病情的路线流程图，从预防到治疗再到跟踪，描绘出一张完整的生育健康宝宝的路径图。《出生缺陷综合预防规范》的制定与落地，功在千秋，福泽万户，事关中华民族的血脉传承与延续。医护人员可以以这套标准为指导，各社会群体可以参照标准实现自我管理，可以从医学角度深入了解病情后，主动采取预防和治疗举措，效果实现了质的飞跃。《出生缺陷综合预防规范》被省政府授予2018年浙江省标准创新重大贡献奖，并将在全国乃至全世界范围内进行推广落地，成为造福百

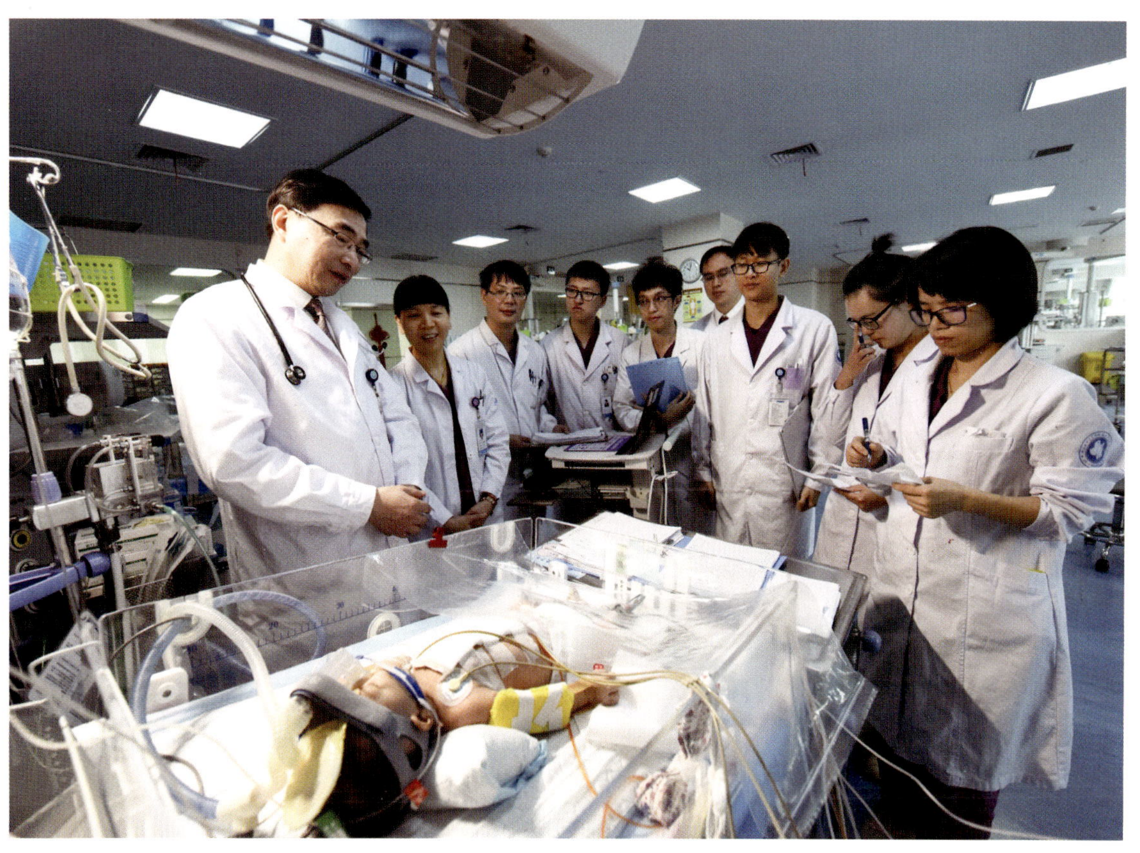

姓民生的重大科技工程,也成为舒强胸前一块闪闪发光的勋章。舒强成了当之无愧的健康宝宝和幸福家庭的“守护神”。

这套标准的制定和落地的十年漫漫之路,培养了舒强全局化、系统化、理性化的思维方式,也赋予他在发现问题后一种超乎寻常的行动力和执行力。成为浙大儿院的院长后,舒强也依旧保持着创新性、扩散性的思维,与新时代的浪潮并进。面对遗传病筛查和治疗过程中工作体量大、容易出纰漏的问题,舒强以“互联网+”的思维推动浙大儿院智慧医院建设,将各个科室几百个平台进行整合,搭建起一个覆盖全部科室的云服务平台,积极探索大数据在智慧医疗领域的高级应用。

面对省内各地医疗资源分布不均的现状,舒强在浙大儿院的运行过程中构建起一套完整的分级诊疗体系,向浙江省 11 个地级市输出医疗资源,通过派遣医院专家前往坐诊、对当地医生进行医疗培训等形式,带动当地医疗条件的发展进步,从而实现浙江省医疗水平的总体提升。

在对团队的管理和建设中,舒强注重对复合型人才的培养,强调新思路、新想法和新实践的迸发。他在教学过程中重视对后辈人才梯队的培养,有意识地去培养一批年轻的心脏外科医生,为小儿心脏外科的后续发展培养中坚力量。

为吸引更多优秀医生选择儿科,舒强推动成立了浙大医学院卓越儿科班,通过一对一的导师制,将教学课程往儿科方向倾斜,理论学习与实习实践并跑,为儿科人才队伍的发展注入源源不断的血液。

医生,是舒强工作的岗位,无论是工作时间还是业余时间,他都长时间泡在医院里,潜心科研、教育与临床医疗,三十几年如一日的坚守,他以日积月累的丰硕技术成果,福泽千家万户,努力做儿科发展的“领跑者”,做儿童健康的“守护神”。

包遂初　当代中国画浪漫与写实的拓荒者

人物名片：

包遂初，1937年出生，浙江龙游人。号初阳，笔名包曦。早年就读于中央美术学院华东分院附中，升至浙江美术学院（现中国美术学院）工艺美术专业。毕业进北京纺织系统，从事图案设计及印染工艺研究，任国企领导，常年坚持绘画创作。

他在近60年的绘画艺术实践中，笔耕不辍。1983年设计的窗帘装饰布“风竹”图案（民间俗称大竹叶），印数超过4000万米，被媒体誉为“印染界绝无仅有的奇迹”。1986年，承担德国“英特儿斯朵夫国际时装面料博览会”中国丝绸馆设计与布展工作。1988年赴美国纽约长岛大学学习进修，曾考察走访了法国、意大利、巴西、日本等20多个国家和地区，拓展艺术视野，促进文化交流。

他的绘画艺术风格鲜明，注重东西方绘画语言的交融，追求自然浪漫的写实，具有较高的审美价值与艺术品味。他将中国传统水墨技巧与西方造型手法融为一体，在写实与写意之间架构全新的笔墨技法，开拓了中国画改革创新之路。

他用灵动的画笔，在中国传统宣纸上，尽情挥洒鲜明亮丽的色彩，简洁准确的笔触凝聚水与色的交融，诠释不寻常的视角和美好瞬间。他的写实风格带有强烈的浪漫主义情怀，而他对光与透视的无懈可击的处理，以及极具想象力的构图，充分体现了其丰富的生活与艺术底蕴。

包遂初绘画艺术作品深得各界推崇，多为海内外挚友所收藏。

包辰初　泼墨泼彩泼情的力与韵

人物名片：

包辰初，1928 年 3 月生，浙江龙游人。1951 年毕业于中央美术学院华东分院（中国美术学院前身）绘画系。受黄宾虹、潘天寿、林风眠等诸艺术大师教诲。现为中国美术家协会会员、浙江省国际美术交流协会艺术顾问、杭州市政协书画研究院名誉院长、杭州画院一级美术师、中央美术学院华东分院校友美术研究院院委、杭州市西湖国画研究院艺术委员会委员、杭州浙派中国书画研究院艺术顾问、吉尔吉斯共和国国立艺术科学院荣誉教授。曾任《杭州日报》主任编辑，杭州画院副院长，浙江山水画研究会副会长，中国美术学院客座教授。

包辰初长期从事山水画创作，力求充分体现传统精神与现代意识的有机结合。他的画笔力苍劲、墨彩流溢、高亢辉煌，追求力与韵的充分体现。作品曾在京、沪、浙、川、贵、香港、台湾等地，以及加拿大、荷兰、韩国、新加坡、印度尼西亚、日本、马来西亚等国展出。

作品刊于《美术》《中国画》《新美术》《美术界》《艺术家》《收藏天地》《收藏快报》，选入《中国现代书画家作品集》《中国美术名家作品选》《中国当代绘画》《中国当代优秀画家绘画选集》。简传与评价辑入《中国美术家协会会员辞典》《中国当代书画家名人大辞典》《浙江当代山水名家选论》《世界华人艺术家成就博览大典》等。

出版个人画册《中国当代艺术家画库——包辰初画集》《包辰初山水画集》等，为国内外多处著名图书馆所收藏。

倪一鸣　妙手仁心　大医精诚

人物名片：

倪一鸣，浙江大学医学院附属第一医院主任医师、博士生导师，心脏病中心主任，心胸外科主任，浙江大学心胸外科教学委员会主任，国家临床重点专科——心脏大血管外科学科带头人，兼任中华医学会胸心血管外科分会全国常委，浙江省胸心外科学分会第七、八两届主任委员，国内多家核心杂志编委，是中国心脏外科临床领域最高奖“金刀奖”得主及中国医师行业最高奖“中国医师奖”获得者，曾获“浙江大学好医生”等殊荣，2017年被评为全国卫生计生系统先进个人。

倪一鸣是心胸外科赫赫有名的“倪金刀”，在国内心胸外科领域颇有名望，他所独创的“倪氏缝线”与大包围技术，早已在国内心胸外科界内传开。书香门第出身的倪一鸣虽是留洋归来的西医专家，却始终散发着“谦谦君子，温润如玉”的儒雅气质，传承着华夏药王孙思邈“勿避险希、昼夜、寒暑、饥渴、疲劳，一心赴救，无作功夫形迹之心”的大医情怀，德术并举。

倪一鸣作为一名医生，握起手术刀时就像演员进入了角色，眼前只有上演着生与死的方寸天地。这种冷静和自持，一半靠天赋，一半靠训练。倪一鸣曾给自己的母亲和小姨开过刀，甚至给父亲腹部开刀时，他也没有回避，当情感上的牵挂变成羁绊时，对于医生而言需要格外强大的内心和清醒的头脑。手术台上，各种突发状况都可能上演，倪一鸣曾经有一回碰到一个病人，开刀后发现整个心内膜都已钙化，无法在常规的位置将瓣膜缝合。生命随时间一分一秒地流逝，几位医生想尽办法，缝了七八次都不行，气氛陷入焦急无措中。作为团队主心骨的倪一鸣一句话也没说，沉心静气，顺利缝合，挽救了病人的生命。

心胸外科手术是在与时间赛跑，手术时间越短越好。倪一鸣心怀敬畏、步态从容，删繁化简，以快制胜。常规二尖瓣换瓣，半个小时以内完成就是高手了，他的完成时间是11分05秒。

技术上的纯熟和流畅，是对心胸外科手术过程进行规范化、精细化、流程化改良的成果，亦是他对心胸外科的杰出贡献之一。他学习了瑞士最先进的技术，又在其中加入了自己反复琢磨出的经验，对手术动作的流程、开刀时刀尖的纵横、管子插入的角度与深度等细节，定制出严格的标准，将整套手术流程程序化。同时，这种流程化的操作手法具有可复制性，整个科室的手术流程在倪一鸣的带领下得到了改善。整个团队把一套流程打通，将复杂手术简单化，简单手术标准化，使整个心胸外科走上了精品化道路。心胸外科最常规的开胸建立体外

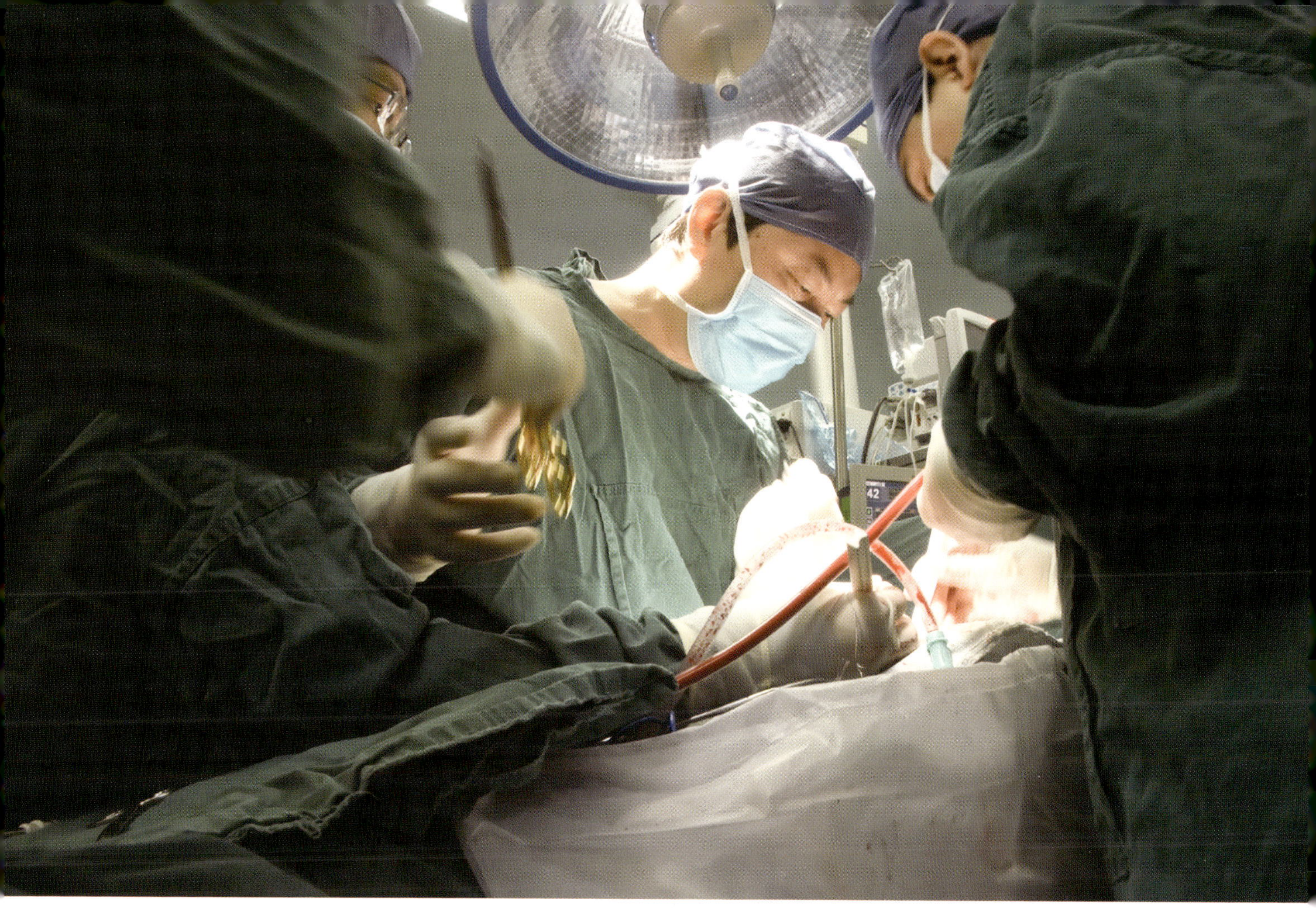

循环，国内外大部分医院至少需要 20—30 分钟才能完成，甚至有时长达一个多小时，而在倪一鸣执掌的心胸外科，从开胸到建立体外循环，15 分钟足矣。

手术台上，倪一鸣手把手去教，毫无保留地分享自己的临床经验，及时进行协助，化险为夷，直到青年医生们能够独立完成手术。手术台下，他总是把学习交流、出国参加国际学术会议的机

会留给年轻人，让他们能够快速成长起来，自己则一心扑在手术和病人身上。在倪主任的培养和支持下，后起之秀迅速成长，在微创外科、大血管外科、心脏移植外科、冠脉外科等心胸外科的各个重要领域独当一面。在团队很多医生的心中，倪主任就是那根定海神针。

医者仁心。“遵守为病人谋利益的道德原则”是医学院毕业生入职都要宣读的著名“希波克拉底誓言”。35 年来，倪一鸣在医疗过程中，首先面对的是人，其次是病。他治病救人不只借助仪器诊断，更是“望、闻、问、切”，关怀病人的病痛与医疗费用的负担。他把“行医是一种艺术而非交易，是一种使命而非行业”的口头禅印在心里。

倪一鸣的魅力在于德艺双馨。无论在医术还是德行上，倪一鸣都是一根屹立不倒的标杆。

在医院里，倪一鸣的角色是医生，但他始终与病人家属站在同一个战壕里，对于病患及家属的惶恐与难处能换位思考，感同身受。每天早上 7 点前，他就已经来到医院，免费给病人诊治，慰问当天要做手术的病人，告诉家属们病人应注意的事项。到 7：40，他召集整个科室的医生进行汇报，将当天每个要做的手术方案讨论清楚，设想任何可能出现的突发状况并提出相应的解决方案，对每个手术都进行把关。倪一鸣每天的工作量都不少，现在更多；他对待每一台手术都十分谨慎，反复拟订方案后，再与病人进行充分沟通，诚以待人，以真实情况告知，从不出现诱导性语言。可做可不做的手术不做，可用可不用的药不用，这是倪一鸣对团队的另一大要求。

抵制过度医疗，严控用药耗材，这是倪一鸣在团队建设中传达的一个重要理念。倪一鸣将为病人省钱作为一切医疗行为的出发点，在浙医一院心胸外科，完成一个瓣膜手术的价格比全国平均价低了 1 万多元，用材却是最好的。病人手术过程用人工心肺机进行心脏体外循环的时间，全国常规时间需 90 分钟，而在这里只需 60 分钟，既节省了时间又为病人减少了开支。这对

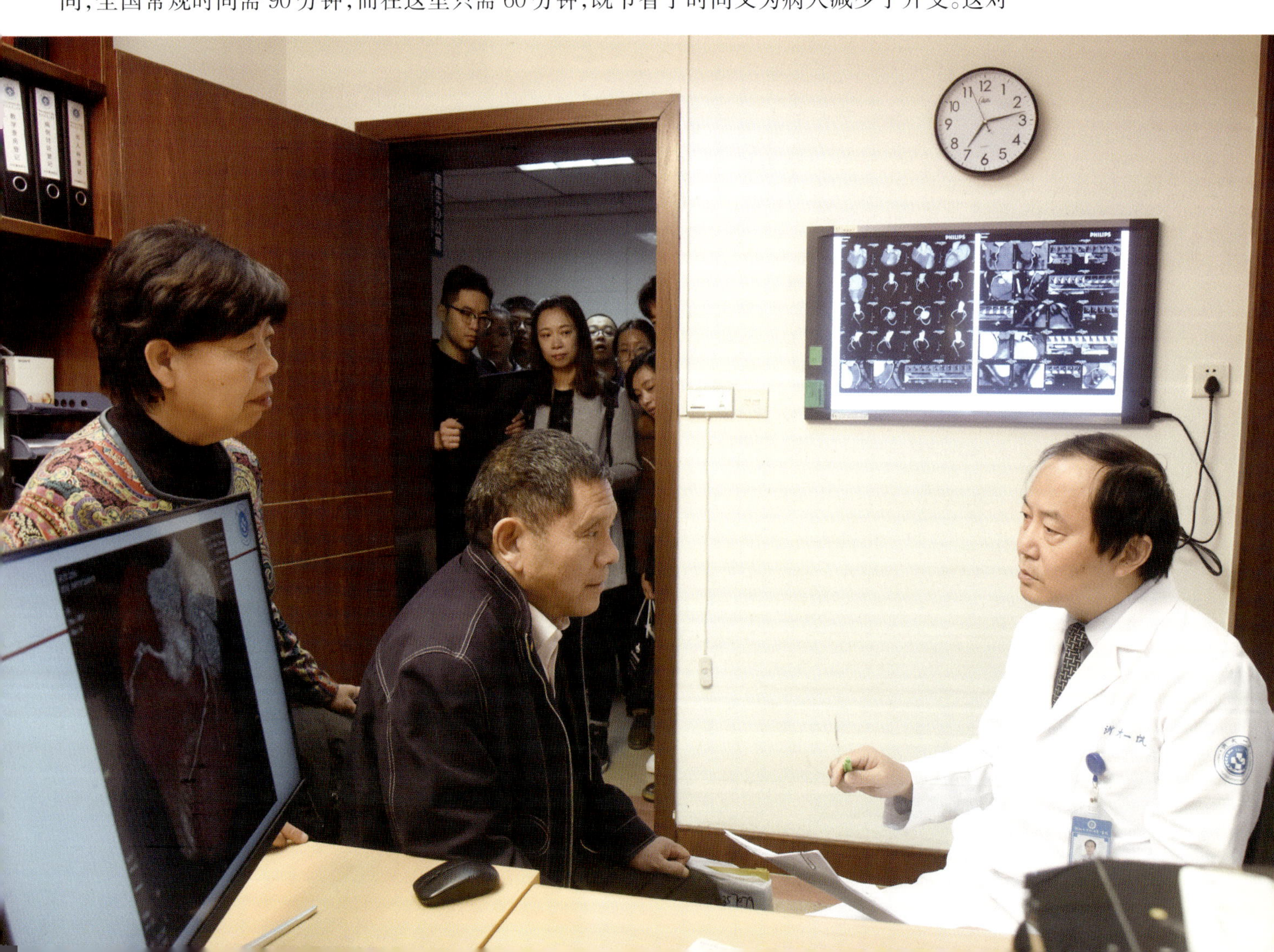

千千万万个普通家庭而言，都是一种福音。

对于倪一鸣而言，“德”不仅仅是职业操守，更是安身立命的准则，作为医生更应以德为先。他始终认为，做什么都要有德，凡事都能设身处地替人想一下，一定会有福报的，这个福报尽管不是投桃报李，做好了，福虽不一定到，但是祸已离去了；反过来，如果没有德，你可能祸不会马上到，但这个福已经没有了。

如果说医术是医德的基础，只有掌握了精湛的医术，才能更好地为患者除病祛痛，为救死扶伤奠定基础；那么，医德就是医术的保障，医学工作的推进需要医德的指引，离开医德的医术是无本之木、无源之水。医德与医术，两者缺一不可。

荀子言：“积善成德，而神明自得。”倪一鸣严格按照医疗规范做事，修身立德，问心无愧，相信这样就可以得到最少的麻烦和最多的福报。因此，即使每日在手术台上跳着刀尖上的血色舞蹈，倪一鸣的一辈子也过得轻松愉快、坦坦荡荡。

法国医生莱利彻有句名言：“每一名医生心中都有一块墓地。”医生在疑难杂症前的无力，面对患者逝去时的悲悯与哀悼，是因为他们把病人的生命放在了至高无上的位置。而在倪一鸣的心中，不仅有着对生命的尊重，还有着对生活的体谅，他以一身医术与医德为利器，与生命和时间赛跑。他在名利场中静守着心中那片“墓地”，只握紧手中一把手术刀，既为庄严的生命舞蹈，也向平凡的生活致敬。

柴可群　仁心济世　德术精诚

人物名片：

柴可群，历任浙江省立同德医院/浙江省中医药研究院院长、党委书记。全国名中医药学术经验继承指导老师，浙江省名中医，教授，博士生导师。他先后被评为浙江省有突出贡献中青年专家、浙江省劳动模范、国务院政府特殊津贴专家、全国优秀医院院长、浙江省优秀医院院长，担任了中华中医药学会肿瘤分会副主任委员、浙江省中医药学会肿瘤专业委员会主任委员、浙江省抗癌协会康复与姑息专业委员会主任委员、浙江省中医药学会副会长、浙江省中西医结合学会副会长等学术职务。曾获浙江省科学技术奖二等奖、三等奖等10项。

柴可群是一位致力于传承与创新的医学科学先锋。他率先创立了多项中医肿瘤学说，并提出了相应的治则，提升了中医药防治肿瘤的水平，显著缓解了患者的多种临床症状，在提高生活质量的前提下延长了患者的总生存期。

柴可群出生于医学世家，自幼耳濡目染岐黄正道，矢志业医。他既重视祖国传统医学的继承，博采前人之所长又不泥古，更注重探索与创新。早在20世纪90年代，他就率先提出“正虚为本、痰毒为患、情志失畅”是肿瘤发病的基本病机；他逐步深化了“扶正为本”理念的内涵，确立了扶正培本是中医辨治肿瘤的重要治法；他系统阐发了“痰毒致癌”理论，积极提倡从痰毒论治肿瘤；他提炼总结了“情志致病、情志治病”学说。

柴可群所凝练提出的这些学术观点，是中医肿瘤理论的重大创新，有效提升了中西医结合防治肿瘤的整体水平。他总结创立了“柴氏中医肿瘤防治四法”，即健脾补肾以扶助正气，化痰解毒以消散癌肿，疏肝解郁以调畅情志，温阳通络以散寒防变，不仅获得了同行的广泛认可，还引起了社会舆论的高度关注，加拿大《环球华报》以及国内《健康报》《中国中医药报》等国内外知名媒体先后做了专题报道。

柴可群非常重视癌症的姑息治疗。“姑息治疗不是权宜之计，是可以融合手术、靶向治疗的积极治疗，目的是让病人治疗时不那么痛苦，生活得更有质量。”更多的患者能通过姑息治疗，带瘤生存。他还提出了许多创新性的观点，如“病证结合、从肝论治，运用中医药协同乳腺癌内分泌治疗”等。柴可群有效地提高了中晚期非小细胞肺癌疗效，并在解决胃癌术后及化疗后贫血、消瘦，结直肠癌术后转移复发等疑难问题方面取得了进展。运用益气养阴法及验方抑肺饮治疗晚期肺癌，健脾化痰法及验方益胃饮治疗胃癌，健脾补肾法及验方肠清方治疗结直肠癌，均有效延长了患者的生存期，提高了生活质量。

他主持举办“中西医结合肿瘤”国际学术会议、国家级“中西医结合综合治疗肿瘤”等继续教育培训班，并多次应邀赴美国、加拿大、意大利、西班牙、日本、韩国进行中医治疗肿瘤的讲学和学术交流。他带领浙江省立同德医院肿瘤学科团队跻身国家中西医结合肿瘤重点专科行列。

柴可群是一位具有高度人文精神的医学仁者。他不仅是具有钻研精神的医学专家，更是具有高度人文精神的白衣天使，倡导并身体力行“每一个生命都值得尊重”的理念，他以博大的仁爱之心对待每一位患者。

在30年的临床工作中，柴可群一以贯之地辛勤付出，数以万计的肿瘤患者得以重新燃起生命的希望。络绎不绝的求诊者来自国内20余个省份，同时不乏加拿大、美国、法国、德国、意大利、日本、韩国等国以及中国台湾、香港等地区定期返诊的患者。他常主动搀扶年老体弱及行动不便的患者；遇重病患时，他从不畏恶臭、不嫌脏垢，悉心望闻问切，给予人文关怀。

周二、周五上午的翠苑院区名医门诊时间，不管是遇到元旦还是春节，他都坚持出诊。对于不断增加的门诊患者，柴可群常常提前开诊，将病人利益放在首位，即便如此，他的门诊也经常到下午一两点钟之后才能结束。为方便基层百姓，他分别在海盐分院、仙居分院、之江院区开设名医工作室。有一次海盐门诊恰逢下午临时有公务，为不耽误患者治疗，他在公务结束后，赶往海盐为患者看诊，一直看到晚上9点，满天的繁星点亮了患者的心，他们发自内心地感激这位柴大夫。

他的精湛医术改善了数以万计患者的临床症状，提高了其生活质量，有效地延长了其生存期，改善了疾病的预后。他的病人里，患者最长的“癌龄”已近20年了。临平的徐大伯患结肠癌、

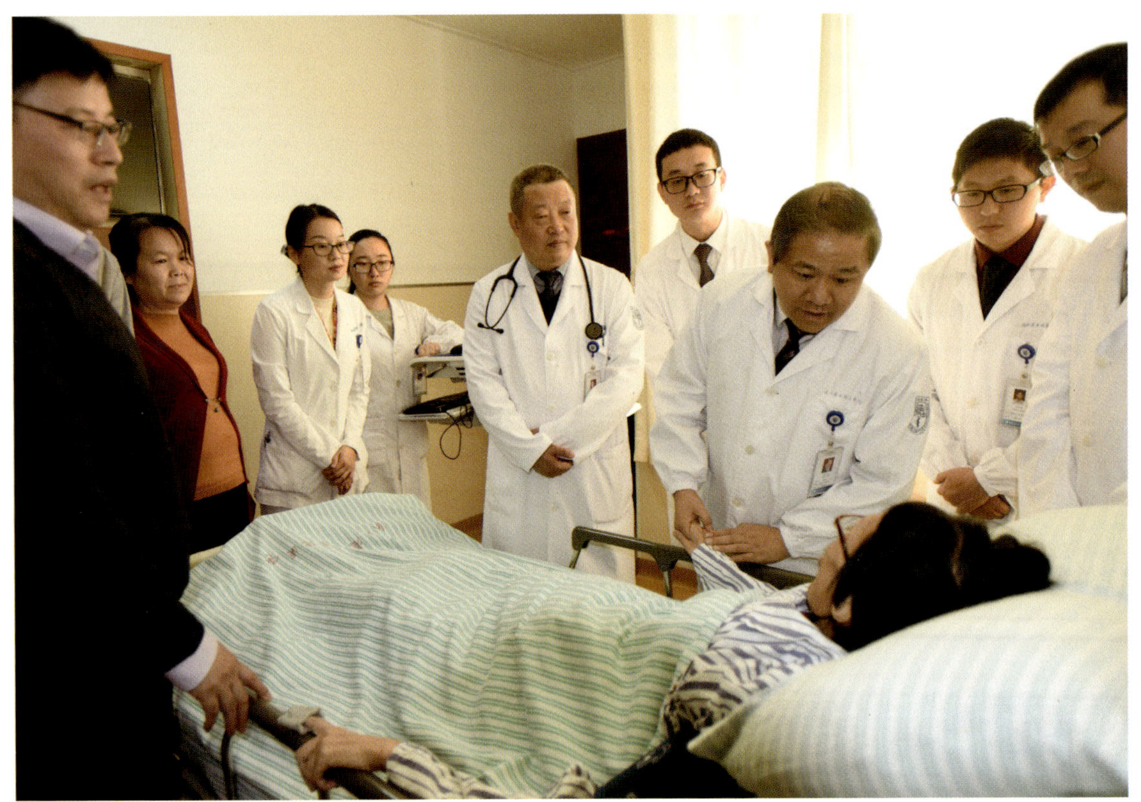

慈溪的岑大伯患肺癌、杭州的汪大伯患肝癌，经过10多年的中西医结合治疗，都成为“抗癌明星”。这些跟随柴可群多年的老病号，谈起他就竖起大拇指：“亲切、幽默，一点儿没有院长的架子。”

患者和家属出于感激之情而常常送予红包、礼物等，他总是婉言谢绝。正因为他精湛的医术、高尚的医德医风和待病人如家人般的温暖，患者和家属在每年新春临诊的第一天，自发列队向他鼓掌致敬。

柴可群是一位具有现代意识的优秀医疗机构管理家。作为一家省立大型公立医院的党委书记，他以“弄潮儿向涛头立”的使命担当，不断开拓创新、锐意改革、攻坚克难，要把医院发展成为“全国一流研究型中西医结合标杆医院”。

立志当早，存高远。2009年12月，他担任省立同德医院院长，创新性地提出了建设一流的中西医结合研究型医院、“二次创业”、“三个转型两个转变”、“四化”建设、“5+1”重点学科建设，以及“520”“111”同德人才引进与培养工程等开拓性工作思路和举措。在他的领导下，省立同德医院沿着“特色化、品质化、信息化、国际化”的跨越式道路向前推进，医院的综合实力、行业影响力和社会美誉度有了大幅度的提升。新增两个院区，拥有翠苑、天目山路、闲林、之江、青山湖等五个院区。

医院目前拥有2个国家临床重点专科、1个国家重大疑难疾病中西医临床协作试点项目、8个国家中医药重点学科专科、34个省级和厅局级重点学科专科、10个省级重点实验室以及一批创新研究平台。医院新技术、新项目层出不穷，年均展开200余项新技术。

医院柔性引进院士、国医大师、著名医学专家以及全国老中医药专家和具有学术经验的指导老师携同中青年医学专家组成强大团队，为患者提供一流的医疗服务。

医院与美国、意大利等境外院校建立了合作关系，成立中美国际远程病理诊断中心、中日胃癌联合诊疗中心等10个中外联合医疗中心。连续举办9届“同德国际学术周”活动，累计开展学术活动500余场次，受益人群6万余人次，成为国内有影响力的学术品牌。

观海弄潮，柴可群奋力书写“互联网+健康”篇章。2015年底，发起成立互联网医院，通过视频问诊、电子处方等功能，让患者足不出户就能得到省级专家的会诊。智慧医院建设推动了“最多跑一次”改革各项举措，通过“流程跑”“机器跑”“数据跑”，让患者“减少跑”“就近跑”“不用跑”，增强了患者就医的获得感和幸福感。

“作为公立医院，我们要坚持公益性。”柴可群牵头全省63家中医、中西医结合医院和42家精神卫生专科医院分别成立“浙江省中西医结合医联体”“浙江省精神卫生专科联盟”，全面托管海盐县中医院和仙居县中医院，派驻医疗团队和管理团队，设立柴可群名中医工作室，开通远程会诊，下沉最好的医疗资源，帮扶基层医疗“强身健骨”，破解看病难题。

踏地应实，行千里。满怀创业激情的柴可群书记带领同德人用实际行动践行“精业厚生，臻于至善”的院训，任重而道远。

孔紫　太阳每天都是新的

人物名片：

孔紫，毕业于解放军艺术学院美术系，现为中国国家画院专业画家、国家一级美术师、文化部高级职称评审委员会委员、中国艺术研究院中国画院研究员、中国美术家协会理事、中国美术家协会国画艺术委员会委员、中国女画家协会主席、中国画学会理事、全国妇联执委。

其《青春华彩》《秋风》《微风》《高粱青青》《苞谷熟了》《儿子》《三伏》《都市阳光》等作品获第八届全国美展优秀作品、第九届全国美展银奖、第十届全国美展银奖、文化部群星奖金奖、全国首届中国画大展银奖、庆祝建军75周年及80周年全国美术作品展览金奖、解放军文艺作品奖一等奖、中国画坛百杰奖等。

“太阳每天都是新的。”

这句话肯定不是画家孔紫原创的，但从她的短文《心絮》里读到这句话时，我不但没有矫情的感觉，反而觉得很真诚实在，甚至有些感动。

孔紫是当代中国画界一位很有实力的女画家，她不事张扬、默默耕耘的作风，在浮躁风盛行的当今艺术界显得难能可贵。初识孔紫的人，对她的第一印象或许是她谦虚得近乎腼腆的形象；但在接下来的交往中，她的细心和周到会给人留下深刻的印象。外表的“弱”并不会掩盖她艺术上的“强”，当你与她讨论创作问题时，就会发现她是一个极有主见的人。虽然她从不慷慨激昂，然而那不紧不慢的话语里娓娓道出的是棱角分明的观点和深入细致的思考，她的执着乃至倔强在这时会显露无疑。当然，这一点从她的画中更可以一目了然。现实生活中的温顺与平常化为艺术上的桀骜与非凡，这看似矛盾的两个方面却顺理成章地统一在孔紫身上，你会感觉她离你很近又离你很远。

《高粱青青》是孔紫的一幅重要作品，画面展现了战争年代女游击队员救护伤员的场景。作品从人物造型到笔墨所洋溢的质朴气息和历史的厚重感，蕴涵着鲜活的生命力。画面给人传递的信息是平凡而真诚的，标志着她在绘画语言的探索上达到了一个新的境界。此后，她的《青玉米》《苞谷熟了》《微风》，以及“秋风”系列、“有云的田野”系列等作品中，玉米、高粱成为画面重要的组成因素，并凝聚成一个有意味的“形象”，与画中的乡民构成相互照应的有机体，这些与人类生存相联系的植物，不仅带来了丰富多变的画面，使作者获得了组织画面的自由，而且增加了作品的乡土气息，提升了作品的精神内涵。“玉米”和“高粱”所具有的独特样式和符号价值，使孔紫的艺术面貌逐渐确立并清晰起来。

大凡画有所成的人，都有一番刻

苦的历史和不平坦的经历。作为女性，孔紫的付出自然要更多些。正是由于内心对艺术的追求与爱，许多的不如意逐渐淡化，许多的不可能变成现实。

孔紫的军旅生活与大部分部队美术工作者一样。在满怀热望的新生活中，黑板报、幻灯片是她常做的作业。一个偶然的机会，孔紫赶上了创作班的末班车，在两个星期里创作了油画《采药》，作品入选河北省军区美术作品展。那年，孔紫还是个 19 岁的女兵。从此，她开始了业余美术创作生涯。虽然后来她参加过数不清的学习班、创作班，也曾在中国美术学院国画系和解放军艺术学院美术系接受过严格、全面的专业训练，但从职业或工作性质来说，她仍然是个“业余”画家。她的业绩是骄人的，近 10 多年全国重要展览的获奖名单中，她几乎都榜上有名。她的创作面貌日臻成熟。但她的嬗变也是艰难而痛苦的。每一次的创作对于孔紫来说，往往都是呕心沥血。孔紫的画不概念，她的每一张画都有新的追求和想法。而大展前的“急就章”，更显示了她文弱外表下倔强、大气的一面，看准方向就孤注一掷，全身心的投入往往换来的是令人耳目一新的超越。

近年来，孔紫的写意人物画呈现了一个稳定的发展趋势，她的作品既有南方画风钟奇灵秀的韵味，又有北方画风雄浑坚实的气势，并形成了自己的独特风格。她在主题性绘画与军事题材绘画创作领域倾注了全部的精力，受到艺术界的高度评价和关注。作为和平时期的军旅画家，把握新军事题材作品的品格，把现代军人的精神气质和人生追求表现出来是一个永恒的主题。孔紫在这方面的努力和成就是突出的。如反映女兵生活的《青春华彩》，通过军营文化生活中的一个小细节，把女兵的精神面貌与心理状态刻画得准确生动。遒劲而略带方折的中锋线条质量很高，再加上短笔皴擦，扩张了线的容量，使其坚实而不直露。画面的整体效果简洁、泼辣却不失厚度，充满清新自然的青春活力。孔紫以 1998 年抗洪救灾为背景创作的《儿子》，在艺术上更上了一个台阶。创作思路的自我反省与调整，使她的作品更具有人文内涵，在精神指向上更加丰富。渐入佳境的笔墨表现力，结构、用线、施墨、辅彩都充满力度感和连惯性，突出了“强悍”“率意”与“厚重”的视觉效果。在刻画人民子弟兵的形象时，那种坚实敦厚的造型特征，既使画面充满张力，又比较真实地反映了他们吃苦耐劳的高尚境界，视觉冲击十分强烈。用自己的目光和感情来画画，这既是孔紫朴素而真诚的体会，也是这幅画令人怦然心动的原由。

孔紫的每一幅新作都能带给人欣喜和亮点，她具有一双发现美的眼睛和一点就通的悟性，善于在常态的生活景象中捕捉动人的细节并将其转换成颇具意味的图像，同时在技术上不断挑战新的难点。《三伏》与《都市阳光 · 花围裙》是孔紫近期的代表作，前者表现的是训练间隙的女兵群像，后者塑造了一个从事家政服务的打工妹形象。虽然两者题材的跨度较大，人物身份相去甚远，但均是她周遭熟悉的人和事，她用一种平视的眼光与交流的态度，与她笔下的人物对话，达到了一种“将熟悉的事物陌生化”的境界。源于自家小保姆的《都市阳光 · 花围裙》，角度更加个人化些，同一形象的三种不同姿态以及空间的并置与错位，在视觉上产生了别样的感觉，在强化人物状态、拓宽人物心理空间方面做了有益的尝试，将打工妹那种勤勉与自足的情态把握得准确传神。强烈的光

感效果，使这两幅作品具有了不同反响的魅力。引入光感既是国画创作技法的一种新尝试，也有力地提升了画面视觉的感染力，同时成为构成作品主旨不可分割的有机部分。如《三伏》中女兵脸部的明暗交界线、迷彩服的暗部、地面阴影的处理，用精彩的笔墨将线与面准确地“写”出来，从容肯定，不燥不腻。《都市阳光·花围裙》中的一缕光线，斜贯画面的主体，不同层次的墨色和富有节奏的笔痕，和谐地构成了一个光线充足的温煦空间。

孔紫是勤奋的，孔紫又是淡泊的。她说：“画画支撑起我有些胆怯的自信、一隅生存的空间。”她曾把画画比作“种庄稼”，并说：“我对待我的‘庄稼’就像对待我自己的孩子，将心血赐予它，只希望看见它长得翠绿，长得茁壮，长得饱满。”当谈到她屡次在全国性大型美展中获奖时，她总是说那是运气，是专家们给予的鼓励。

太阳每天都是新的。孔紫朴实真诚的艺术劳动还在继续，我们有理由充满期待地与孔紫一起享受她艺术田地里的丰收。

管伟立 精神疾病的健康大使

人物名片：

管伟立，温州人，大学本科、工商管理硕士，国家高级经营师，农工党员，温州康宁医院股份有限公司董事长。曾获评2012年度中国医院优秀院长、全国百姓放心示范医院优秀院长、温州市百佳党外创业人士、温州市优秀政协委员、温州市政府特殊津贴享受者、“中国精神卫生领域十大精英人物”等。

现任中国医院协会常务理事，中国医院协会民营医院分会副会长，中国非公立医疗机构协会副会长，中国医院协会精神病管理分会常务理事，浙江省医院协会副会长，浙江省医院协会民营医院分会主任委员，浙江省健康服务促进会副会长，浙江省医院协会精神病医院分会常务理事，浙江省医学会理事，温州市医院协会常务理事，温州市政协第八、九、十、十一届委员，农工党温州市委会常委。

温州主城区西部，在温州医科大学附属康宁医院的大楼中，病房环境温馨、自由、开放，患者们在医院里开展绘画、下棋、健身、做手工等各类休闲活动，其乐融融、闲适自在。没有冰冷的铁窗栅栏、没有疾言厉色的呵斥管制，人们很难想象在这座设施堪比五星级宾馆的医院里，接受治疗的是来自全国各地的精神障碍患者。医院的正大厅墙上“敬佑生命，谦卑服务”八个大字特别醒目，旁边“凡事包容、凡事相信、凡事盼望、凡事忍耐，爱是永不止息”的文化墙，成为不少慕名而来的访客与患者合影留念的“景点”。打造康宁大爱文化，做精神健康的专业守护者，为精神障碍患者提供有尊严的医疗照顾，这就是温州康宁医院的初心与使命。

20多年前，董事长管伟立还是一名普通的精神科大夫，他发现当时温州七八百万的人口，精神病院的病床却只有百余张，一床难求已成为一种常态。他作为土生土长的温州人，性格中带有温商“敢为人先”的特质，毅然从体制内走出来，自己创办了一家私立精神病医院。1993年管伟立租下一间房子，开了20张病床，招了10个护士，康宁医院的雏形就这样诞生了。不足3个月时间，康宁医院所有病床就全部住满，医院备受患者家属和社会的认可，给了管伟立极大的信心与鼓励，他决定将康宁医院当做终身的事业。

如果说挣钱是机会的红利，那么，能够把机会红利变成技术红利，又把技术红利变成管理红利，继而把管理红利变成经营红利的创业者，方可称为富有战略眼光的成功人士。

康宁医院于1997年正式开业，2015年在香港联合交易所主板挂牌上市，成为国内第一家精神专科医院上市公司。从一家自己当医生的小医院到如今国内精神卫生领域权威的三甲医院，从10名员工到如今2000余名，从20张床位到如今8000余张，20年的风雨兼程，稳扎稳打，不仅为中国精神障碍患者创造福音，也为中国精神病科探索出一种发展迅速、理念创新的康宁模式。

时至今日，康宁以自建、托管、收购和参与公立医院改制等多种模式参与了全国 40 余家医院的管理，构建起一个“立足温州、精耕浙江、辐射全国”的康宁王国，引领和推动着中国精神卫生事业持续向前发展。

管伟立是从体制内走出来的创业者，他清楚普通人群的精神疾病患病率达到 17%，全国每天约有 70 多万精神障碍患者在医院接受治疗，而中国一共只有 2 万多名精神科医生，精神医学成了医科中人才最稀缺的专业。为建立起结构合理、各专所长、稳定高效的三级医疗人才梯队，2001 年开始，康宁医院就在温州医科大学成立了教学基地，2014—2016 年连续三年委托温州医科大学定向培养临床医学专业（精神卫生方向）五年制本科生。在长达 15 年的合作共赢中，双方进一步深化合作模式，于 2016 年与温州医科大学合作，创办了浙江省首家精神医学学院，利用温州医科大学的专业优势建立起精神医学人才的“黄埔军校”。这批专业院校的优秀学子毕业后从事精神科临床工作，5 年或 10 年后就能成长为权威、专业、知名的精神科医生，成为康宁发展

不竭的活力之源。

抓住人才梯队建设，建立起完善的人才培养、人才储备系统后，管伟立进一步探索灵活多样的引才、留才、用才策略，使康宁医院在临床、教学、科研三驾马车并跑中焕发出巨大活力。为了组建专家团队，康宁精神卫生研究所聘请了国内外顶级精神科专家担任高级顾问，为康宁科学研究与医疗水平不断推进提供了保障。管伟立谋划通过10年的努力在中国建立起精神学科纯学术、高影响力的顶尖学术平台。从2012年开始，康宁每年都会举办一场汇集全球顶尖精神医学人才的精神医学国际论坛。在2018年举办的第六届康宁精神医学国际论坛中，来自世界的精神医学专业人士、心理咨询师、心理医疗师等8万余名专家同步在线，交流探讨精神医学领域前沿研究与发展趋势，搭建了一个覆盖全球、模式完善的学术研讨平台，"康宁模式"成为备受国内外医学权威认可的一种全新的精神医学办院样板。

精神病学是医学中一门特殊的学科，精神疾病的病因还停留在症状学层面。随着社会进步与经济发展，人们对精神卫生的需求越来越高，除了症状严重的重度精神疾病，亚健康人群中存在的焦虑、抑郁、失眠等精神问题也已经影响到人们的生活品质，精神问题和情绪问题取代了躯体健康问题，成为人类健康的首要威胁。与社会需求相适应，人们对精神病学的研究与认知，也开始从生物模式向心理模式再向社会模式进行演变。在治疗技术上，我国精神卫生临床医疗水平已经接近世界发达国家的水平，无论是治疗药物、治疗设备还是心理康复、心理咨询，都达到了世界同步水平。精神病学不仅是一门靠医术取胜的临床学科，精神病学讲求的是在规范的诊断与规范的治疗之外，融合其中的，体现爱和尊重的医疗管理制度与企业文化的建设，管伟立从这个角度带领康宁医院突破传统发展模式，走出一条独一无二的发展道路。

作为目前国内唯一一家非公立的三级甲等精神病专科医院，国家临床重点专科（精神病）单位，康宁医院在医疗技术上国内领先。康宁的成功之处还在于实现对精神疾病社会心理功能的附加，通过建造起幸福、温馨、有温度、有尊严的精神专科医院，让更多的精神障碍患者愿意来接受专业的治疗。从牢房式封闭环境到宾馆式开放区域，是一种医疗模式的改变，康宁医院帮助中国的精神病医院实现了社会定位的回归。

康宁医院实现了从生物模式向心理模式的改变，在控制症状的基础上，更注重患者心理上的康复。在医院管理的过程中，管伟立及时调整管理模式，对患者更加细致地进行分级分类治疗。除了重度精神病患者之外，患者们在正常、自由的环境下接受治疗，并配备三位一体的医师、心理咨询师、康复师团队。在医师用药后，再对患者进行心理上的疏导和社会功能的康复，通过心理、音乐、绘画、书法等治疗方式，让患者能够实现心理上的康复，最终回归到社会生活中去。康宁医院设有泳池、健身房等活动设施，在这些公共区域中，精神障碍患者与医生、普通民众在一起运动、娱乐，不仅使患者得到了躯体的康复，更消除了社会对精神病患者的歧视。同时，精神障碍患者与医生之间的对立关系也被打破，医生以敬畏的心、专业的知识面对生命，以谦卑的心态服务患者，医生对患者是一种谦卑平等的关爱，体现了康宁爱的文化。

只有让精神障碍患者有尊严，精神科医生才有尊严，精神病医院才有尊严。在医院建造之初，管伟立就已经怀着“敬佑生命，谦卑服务”的初心，突破传统精神病院铁窗、关养的治疗模式，为精神障碍患者提供有尊严的医疗服务，并将之视为康宁医院的责任与使命。

一个从体制内出走的小医生，一家草根出身的民营医院，今天之所以能够抓住发展机遇迅速崛起并实现领跑，成为老百姓心目中精神健康的守护者，正是因为管伟立 20 多年来始终如一的信念与担当。

陆国权　用科技让番薯成为时尚健康食品

人物名片：

陆国权，男，博士，教授，国家现代农业产业技术体系岗位科学家。中国作物学会甘薯专业委员会常务理事，中国淀粉工业协会甘薯淀粉专业委员会理事，国家食药同源产业科技创新联盟理事，浙江农林大学薯类作物研究所所长。《中国粮油学报》编委。曾受国家留学基金、香港包氏留学基金、国际马铃薯中心、以色列外交部国际合作中心、埃及高等教育与科学研究部等资助，出访过20多个国家和地区。曾主持或参加过国家基金等各类课题70多项，曾获省部级奖8项，发表论著260多篇，主编或参编图书12本。授权专利20多件；参与培育品种4个；合作研发新技术10多项，新产品10多个，新设备3台；建立示范园10多个；开设课程9门，培养国内外研究生40多名。

在很多中年人的记忆中，包括番薯、芋艿、土豆等在内的薯类农产品，是伴随着他们成长的重要粮食。在那个特殊的年代里，正是因为有了这些农产品，才有效地填补了粮食短缺，解决了很多家庭的温饱，给予了更多人生存下去的机会。

在浙江农林大学薯类作物研究所所长陆国权教授诸多的研究成果里，薯类作为杂粮，解决大众温饱问题只是其诸多功效中最基本的功能，他们的研究成果表明，薯类产品不仅在口味上比普通粮食更美味，而且吃着也比普通粮食更加健康，还可以开发成各种具有保健功能的产品，甚至用在美化环境、家居观赏方面也有很大的发展前景。

“我们平时说的甘薯、马铃薯、木薯，其实只是狭义的薯类概念，事实上山药、芋头、豆薯、竹芋、雪莲果、百合、葛根等含淀粉的根茎植物，也都属于广义的薯类范畴。我们常见的薯类作物，虽归属不同科属，但都具有变态的地下根茎。它们丰产性好、高产稳产、适应性广、抗逆性强，耐粗放栽培管理，肥水要求低，病虫危害轻，很少或根本不需用农药。薯类农产品大多数可以粮菜兼用，营养丰富，并兼有医疗保健功效，是典型的绿色无公害作物。”说起薯类作物的发展历程，陆国权教授如数家珍。

作为从事农学研究的教授，陆国权教授一直钟情于薯类研究，他认为，从个别方面出发考虑研究方向，薯类研究的意义甚至高于水稻等常规粮食作物：“首先，薯类是难得的可再生能源作物，随着石油等不可再生能源的日益耗竭，薯类在缓解我国能源危机方面可以起到越来越重要的作用，可能是解决能源危机的有效途径。其次，薯类很有可能是解决粮食危机的法宝，稻麦等主要粮食作物的增产潜力已经得到深度的挖掘和开发，但薯类的增产潜力还没有得到有效的挖掘和开发，并被国际生物多样性中心确认为未被充分利用的作物。最后，薯类具有多姿多彩的茎叶、花果和形状各异、千奇百态的

变态根茎，可用作新奇的观赏植物，可用于美化和改善生态环境、净化空气、减少灰尘、防治污染，是美化和改造生态环境的优良作物。”

经过多年的研究，陆国权和他的研究团队发现，作为重要杂粮作物的薯类，还是改善营养、平衡膳食、确保健康的关键（优良）食物，含有丰富的淀粉、蛋白质、维生素和矿物质。陆国权教授介绍道：“薯类作物膳食纤维以及铁、锌、钙、钾等必需矿物成分含量高，有些品种还富含花青素和胡萝卜素。薯类中的膳食纤维能促消化、防便秘，预防痔疮、糖尿病和大肠癌，准雌性激素物质能保持皮肤细嫩、延缓衰老，胶原能够增进健康、防止疲劳。花青素具有抗氧化活性、减少肝伤害、抗诱变、降血压和抗糖尿病作用，胡萝卜素具有明目、抗衰老、清除自由基、抗癌等功效。可以说，

只要每天吃一些薯类或薯类制品就可以保持健康。总的来说，薯类产品的营养保健功能不胜枚举。"

在对薯类作物进行研究的基础上，浙江农林大学薯类作物研究所还积极和相关企业合作开展研发工作，使薯类成为食品、饲料等加工产业的重要原料。在薯类的开发和加工过程中，最主要的产品，除最常见的淀粉和粉丝外，还有沙琪玛、薯脯、薯枣、薯条等休闲食品，可以大幅度增加其附加值，满足大众和出口创汇的需要，甚至还可以生产变性淀粉、柠檬酸、乙酸、味精等高附加值产品，薯类产品的发展空间正在不断扩大。

为了更好地开发薯类资源，陆国权教授和他的课题组成员，近年来积极开发薯类植物新资源培育的技术和产品，筛选出特色更明显的彩色马铃薯、彩色山药、观赏木薯、万灵薯、百合、非洲彩芋等品种，不仅增加了薯类的品种类型，而且改进了品质，使其营养价值也得到了进一步增加。此外，还有很多罕见的品种，也在选育和推广过程中，如具有高抗性淀粉的功能性甘薯，具有明目功能的彩色高胡萝卜素甘薯。

在开发薯类食用价值的同时，陆国权教授和他的科研团队还积极开发甘薯等薯类品种的观赏价值，各种水培的、盆栽的，红色的、绿色的、黄色的、褐色的，观根的、观叶的、观茎的、观花的观赏用甘薯品种，正在不断地研发和培育中。这些美不胜收的观赏甘薯，让人难以想象其曾经是如此平凡。更多基于色彩的、形状的其他薯类作为观赏性作物也在得到更好的开发和利用。

如今，在陆国权教授的带领下，浙江农林大学薯类作物研究所的薯类研究正在不断深入。陆国权说："我们现在已经在 10 多个方面取得研究进展，在薯类植物生物技术、薯类植物高产高效栽培技术、甘薯水培技术、薯类植物贮藏和保鲜技术、薯类植物天然产物提取技术、薯类植物深加工综合利用技术等方面都取得了进展，不仅获得了相关的专利，还推出了甘薯红色素、彩色年糕、彩色粉丝、甘薯彩色汤团、紫薯糊、薯果酱、蜜薯泥、多色薯甜浆、紫甘薯饮料、保健紫甘薯酒等一

系列产品，更好地满足大众的需要。”

对于薯类农产品今后的发展趋势，陆国权教授充满了信心：“日本研究发现，甘薯抗癌效果位居 40 种常见蔬菜之首，尤以熟甘薯效果更佳，比芦笋、花椰菜等好，也比人参好。现代医学证明，薯类农产品含有较高的活性多糖、黄酮类化合物、糖蛋白类提取物、糖酯类提取物、脂肪醛提取物、有机酸提取物，对于抗感染、降血糖、降血脂、调节免疫和内分泌、抑制动脉硬化、防止结缔组织萎缩、抗癌、抗氧化、抑制黑色素形成、延缓衰老等都有重要的作用。我们有理由相信，通过不断努力，将会有更多的消费者爱上甘薯，曾经平凡的甘薯，将会成为时尚的健康食品。”

任祖伊 创办浙江首家“家禽医院”的“禽郎中”

人物名片：

任祖伊，现年84岁，浙江东阳人，中共党员；从事畜牧兽医工作六十余载，历任中国禽病学分会理事、宁波市科协副主席、余姚市慈善总会副会长、余姚市老科技工作者人才协会会长。现任余姚市禽畜病防治研究所董事长、所长、研究员，世界禽病学会会员。

曾被评为全国优秀科技工作者，《共产党员》封面人物，全国劳动模范，全国商业特级劳动模范，农业部农技推广研究员，宁波市杰出专家，享受国务院有突出贡献专家特殊津贴，连续两次被评为宁波市优秀共产党员，曾获全国“五一”劳动奖章。

当选第八届全国人大代表，中共浙江省和宁波市第七届、第八届党代会代表，第十一、十二、十三、十四届宁波市人大代表。

此外，他组织编纂出版了《禽病防治500问》《鸡、鸭、鹅病防治新技术》《鸽病防治100问》等科普书籍13本，先后在国内外专业刊物上发表论文80余篇。

“鸭子得的是肝炎吧？”2019年2月12日，笔者来到位于余姚市区的余姚市禽畜病防治研究所（下文简称“研究所”）时，84岁的禽畜病防治研究所负责人、禽畜病防治专家任祖伊正站在解剖室的门口查看工作人员的解剖结果，并仔细询问养鸭农户关于养殖方面的细节。

研究所的工作人员告诉笔者，虽然任祖伊早已退休，但他一直围着家禽转，这缘分已经延续了65个年头。“可以这样说，任老师的生活没有离开过禽畜病防治这块。”

研究所等同于“家禽医院”，每天都有来自各地的养殖户前来问诊，所以一年到头都开门营业，春节也不例外。因此，任祖伊的春节也就和研究所捆绑在了一起。任祖伊说，“禽畜病防治”早已是生命中不可分割的一部分。

每周一参加研究所学习活动

走进任祖伊的办公室，满满一柜子的书格外吸人眼球，而这些书基本都是关于禽畜病防治这一领域的，任祖伊桌案上则放着几本比较新的禽畜病防治书籍。“任老师几乎每天都会回研究所转转，除了询问大家关于工作上的近况外，就是坐在办公室里研读最新的关于禽畜病防治这一领域的书籍和报道。”研究所工作人员说。

对于自己的“退而不休”，任祖伊有着自己的想法。“落后就要挨打。躺在那里享受以前的成果，是要吃大亏的。禽畜病防治这一领域的变化是很快的，我们要紧跟形势学习，一天不学习就等于落后。”

退休后，任祖伊没有止于理论学习，每周一还必定会参加研究所的集体学习活动，与研究员们讨论所里最新的关于禽畜病防治的科研项目。“这个活动就是我当初定下来的，每周一大家必定在一起学习政治理论、专业知识，每个人都要签到，有事必须请假。”任祖伊说，自己这些年基本都会来参加。

平时阅读到关于禽畜病防治的相关报道后，任祖伊会立马剪下来，然后放入研究所的资料展览室里。“我们展览室已经接待3万人前来参观，我们有义务向大众普及禽畜病防治的相关内容。”任祖伊说。

从抗拒当“鸡郎中”到热爱兽医一职

对于禽畜病防治，一开始任祖伊并没有像现在一样挚爱，甚至有点抗拒，因为当初选择该专业也是“没有办法”。其实，任祖伊小时候一直想当一名农技师，然而等自己初中毕业进入金华农校后发现，当年学校只开设了畜牧兽医专业。

“当时，觉得‘鸡郎中’‘猪郎中’既辛苦，又不体面，人感到很失落。”任祖伊说。

但是后来在校期间发生的一件事，彻底改变了任祖伊的认知。“有一天，学校附近的一位大妈赶到学校，声称自己家的猪病得很重，她自己也是急得满头大汗。上个世纪50年代，一头猪对于农家而言，那可是一项大的财产。”任祖伊接到任务后，立即赶往大妈家医治病猪。“我当时仔细检查了猪的症状，并给猪打了针，当时自己感到没什么把握，回学校后还很忐忑呢。”

没过几天，那位大妈又来学校了，这次带来的是一份写在红纸上的感谢信。“那时候，我感到很光荣，也深深知道兽医这一职业对于农民的重要性，那时候就想既然选择了，就要好好走到底。”任祖伊说，此后他就越来越爱这份职业。

致力于禽畜病防治科研工作

其实，这几十年来，任祖伊一直没有离开科研与创新。20世纪80年代，我国养禽业迅速发展，养殖中新的问题也不断暴露出来。1980年，余姚发生了历史上罕见的小鹅瘟病，给农民造成了很大的损失。为此，任祖伊跑了40多个村庄，遍访宁波地区的养殖户，解剖了数百只病鹅、病鸭，又翻阅了大量国内外文献资料，成功研制出既可以治疗又可以免疫的小鹅瘟病免疫血清和小鸭瘟蛋黄抗体，如今这两项成果依然在造福养殖户。

为了更好地开展禽畜病防治科研工作，任祖伊于1989年10月成立了余姚市禽畜病防治研究所，该研究所在当时被称为省内第一家“家禽医院”。“我们坚持把农民生产时遇到的难题作为自己的研究课题。”任祖伊说。

2001年夏天，余姚罗渡村一家养殖大户的养鸡场2万多只蛋鸡突然病了，一夜之间死掉1000多只。那时任祖伊正在扬州出差，接到养殖户的电话后，他马上请假赶回余姚，立即带领所内6名技术骨干赶到养鸡场，进行全面检查。“当时，我们发现情况很严重，这是一种当地从未发现过、正在国外流行的疫病。”任祖伊说，好在自己对于此病有所了解，采取了一系列紧急措施。奋战了近20天，任祖伊体重轻了6公斤，终于治愈了病鸡，为该养鸡场挽回经济损失100多万元。通过这次诊治，任祖伊他们获得了一些书本上找不到的重要科研数据，创造了相关技术成果，填补了国内禽病毒防治研究的空白。正是这样的事情一件件地累积，让当地养殖户中流传起一句话——“禽有病，找老任。”

这几十年间，任祖伊和自己的团队攻克了一个又一个难题，先后取得“猪、鹅体免疫防治的研究”“灭败灵”“强力抗”“949”“518”“三包病治疗剂”“家禽病毒免疫防治的研究”等多项科研成果，获得中央各部委、省市科技成果奖励33次。

“我的年纪越来越大了，很多科研工作，自己没法像年轻时那么投入了，但是老有所为，我一直没有放弃过退休后继续贡献自己力量的机会，所以我的养老生活还是围着禽畜病防治这块兜兜转转。”任祖伊说。

王一成　农科赤子　情洒大地

人物名片：

王一成，1982年毕业于浙江农业大学，在浙江省农业科学院畜牧兽医研究所从事畜禽寄生虫病和传染病防治技术研究，任兽医研究室主任、猪病防治研究课题组组长。他牢记2003年时任浙江省委书记的习近平同志视察浙江省农业科学院时的谆谆教诲，一生辛勤耕耘在浙江农业主战场，把生命留在了浙江大地，是一名懂农业、爱农村、爱农民的优秀农业科技工作者。他两度学成归国，不忘初心，踏实践行科技报国的伟大理想，是牢固树立"四个意识"、踏实践行"两学一做"的时代楷模。他的一言一行，集中体现了当代知识分子淡泊名利的优秀品格和当代农业科技工作者无私奉献的责任担当，展现了优秀共产党员的高贵品质。

一个众人羡慕的海归学者，本可留在国外，待遇优厚，锦衣玉食，为何却选择回国下乡？

一个学术功底深厚的科学家，本可搞研究，出专著，成大师，为何选择服务三农一线？

一个爱清洁成癖的人，为何能长年与死猪病猪打交道，坚持在血污恶臭环境中工作？

一个医术精湛的大专家，是如何坚持职守，把毕生心血和精力奉献给广大养殖户的？

王一成，浙江省农业科学院畜牧兽医研究所研究员，省内顶尖兽医专家。这位与重大疫病、动物病毒共舞大半辈子的优秀科技工作者，即将退休时罹患癌症，离开了他所无限热爱的畜牧兽医研究事业，离开了他无比挚爱的亲人，离开了他亲密无间的同事，离开了他魂牵梦萦的实验室、畜牧场和农民兄弟。

当我们再次追忆其生前点滴往事，深切地感受到他用赤子之心书写的家国情怀。

王一成一生当中有两次机会可以留在海外。

1988年，31岁的他被单位公派到澳大利亚墨尔本大学兽医学院做访问学者，扎实的专业研究让他脱颖而出，学院希望他留下，但他毅然选择回国。

1997年，40岁的他赴美国阿肯色医科大学学习，其间两次在病毒学领域国际顶尖杂志上发表研究成果。阿肯色大学向他抛出橄榄枝，同时为他的夫人和儿子办理了3年签证，但他再次拒绝了。在他办理签证回国时，签证官都诧异地问他："我们国家给你提供永久居住权，你为何要回到落后的中国去？"

"他告诉我，不能忘了到美国来的初心是什么。"王一成的夫人郑妮妮回忆。回国，对王一成来说不是选项也不是砝码，而是自然而然的事。

"他学成回国，没有讨价还价，要这个要那个。"浙江省农业科学院原副院长、时任畜牧兽医研究所所长徐子伟对此印象深刻，"他都不谈这些，就是说一声，他要回来，帮他把位置留好就行。"

回国后，王一成成了浙江省最早通过分子生物学技术开展猪病临床诊断的专家，他从美国带回的技术对于国内的研究具有十分重要的引领作用。

但当时的畜牧兽医研究所实验室，与美国的相比，简直是天壤之别，不仅条件简陋，还缺乏经费。到底该如何开展研究，困扰着他。他感觉自己一下子难以发挥作用。

直到 2003 年，时任浙江省委书记的习近平同志到浙江省农业科学院调研时提出，科研人才都应该到生产的主战场上去。

“总书记的嘱托让王一成极受振奋。”浙江省农业科学院党委书记汤勇说，“他毅然放弃从事了近 20 年的基础研究，走出实验室，走进猪圈，主动请缨去一线。”许多同行、同事、朋友都不理解他为何要放弃苦心开创的基础研究。王一成解释说：“基础研究很重要，但是养殖疫病控制难题更紧急。”他踏上了浙江的山山水水，扎进了大大小小的养猪场，再也没有回过头。

有一组数据可以说明王一成这些年在一线究竟有多拼。10 多年来，王一成和他的团队服务过浙江省 1000 多家规模养殖场，检测样本 5 万余份、40 万项次，多次遏制了可能造成重大疫情的动物疫病扩散。也就是说，王一成和他的团队平均每天至少要解剖 1 次、化验 7 次、检测 55 次。

1999 年 12 月 31 日下午，杭州下沙猪场突发疫情，王一成主动放弃与家人团聚跨越新千年的机会，参加应急处理。一到目的地，王一成就一头钻进养猪场，进行连续数小时解剖诊断，一直到凌晨时分，千禧年的钟声敲响。17 年后，徐子伟在王一成生病后查阅他的人事材料时才发现，12 月 31 日竟是他的生日。

而在郑妮妮印象中，王一成若不是在实验室，就是在去养猪场的路上。不管养猪场有多远，他几乎都坚持亲自开车去，不让人接送。有一晚，回到家中的王一成全身湿透，郑妮妮问他怎么回事，他回答，天暗了，看不清，错把池塘水面看作路面，开车一头扎进池塘了。夫人听罢吓得惊慌失措，而他倒是一派轻描淡写，只是一如往常，又投入常人难以接受的高强度工作中。

对这位工作上的“铁人”，浙江省农业科学院院长劳红武这样评价：“在他身上，我们看到了一位优秀共产党员的形象和优秀科技工作者的品质。”

王一成很“倔强”，这种“倔强”与其说是性格，不如说是原则。

他刻意与养殖户们保持着一种“若即若离”的关系。一方面，他与他们走得很近，只要养殖户有需要，哪怕千山万水，他也会在第一时间驱车赶到；一方面，他却老“躲”着他们，总是在驱车途中的服务

站解决一日三餐，养殖户们都知道，“王老师是出了名的塞不进钱、请不了饭的省城猪病诊治大专家”。

即使是生病后，他依然坚持着这份“倔强”。

做完肿瘤手术后，来探望的人很多，王一成非常不习惯受到这样的关注，他对夫人说：“能不能去医院开一份死亡证明？我要告诉单位同事、告诉养殖户，王一成已经走了，我不想让别人为我耽误时间。”

2017 年 9 月 22 日，浙江省委书记车俊对王一成的事迹做出了批示：

“看了对王一成同志的报道，深受感动。王一成同志是共和国培养的知识分子，学成回国后，多年如一日，心系百姓，忠于事业，一心为农，全身心服务于农民，献身于他钟爱的畜牧兽医业，做出了平凡而伟大的业绩，受到农民群众的欢迎。这种精神值得全省农业工作者、科技工作者和党员干部学习。”

《精英》系列人物回放

马达飞 《"三匹金马"拉出的木玩世界》 浙江金马工艺品有限公司董事长

马达伟 《"三匹金马"拉出的木玩世界》 浙江金马工艺品有限公司总经理

王向东 《年少崭露头角》 著名工艺美术大师

王伟 《新安江畔的守望者》 新安化工集团董事长，全球农化界"奥斯卡"终身成就奖获得者

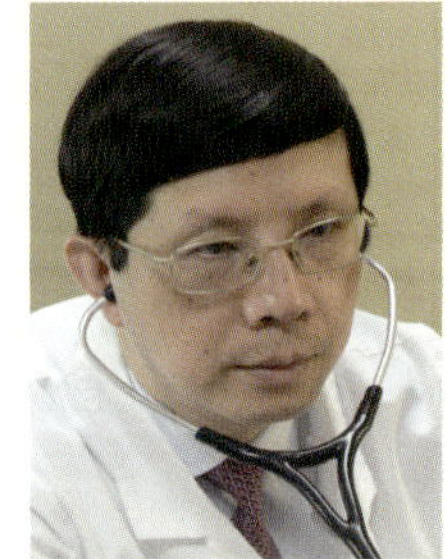

王建安 《点亮生命灯塔的人》 国家重大科学项目首席科学家，浙大教授，浙大二院院长

冯远 《为时代画像的人》 画家，中央文史研究馆副馆长，中国文联副主席，中国美术家协会副主席

冯根生 《甘草为佐国药冯》 著名国药传人，青春宝集团董事长兼党委书记

汤有祥 《民营教育的先行者》 中华人民共和国第一位私立高中创始人，湖州上墅教育集团董事长

牟水法 《为了大家能吃饱饭》 浙江省劳动模范，神州毛纺董事长兼党委书记

李明焱 《年轻的"南极仙翁"》 著名浙商，寿仙谷药业董事长

连建伟 《最年轻的老中医》 浙江省名中医，浙江中医药大学副校长

沈爱琴 《像男人一样去战斗》 著名浙商，中国丝绸传人，万事利创始人

何超 《从临床到管理》 浙江大学教授，浙大邵逸夫医院院长兼党委书记

何允辉 《乡村好人》 义乌何斯路村党支书兼村委会主任，浙江省十大微感动人物

杜立中　《天使的守护神》　著名儿科专家，浙大儿童医院院长

张宏保　《从“三五牌”到“德宏牌”》　著名浙商，浙江省劳动模范、五一劳动奖章获得者

陆光正　《大匠无弃材，寻尺各有施》　著名工艺美术大师

陈永兴　《一个道隐无名的智者》　行地集团董事长兼党委书记，杭州市劳动模范

邵钦祥　《花园梦想家》　中国功勋村官，花园集团董事长兼党委书记

林俊　《生命奇迹的见证者》　著名妇科专家，浙大妇女保健院院长

周国城　《通才与专家》　著名书画家，广州美术家协会主席

宗庆后　《从企业家到人大代表》　著名浙商，娃哈哈创始人

俞锦芳　《绿色企业　绿色梦想》　著名浙商，湖州金洲集团董事长

夏侯文　《点泥也成金》　著名工艺美术大师，国家非物质文化遗产代表性传承人

徐斌　《石灰吟中的行业先锋》　浙江省优秀党员，优秀企业家，龙山碳酸钙厂长

高公博　《黄杨木雕济公缘》　著名工艺美术大师

凌兰芳　《一辈子的丝绸人》　著名浙商，丝绸之路集团董事长兼党委书记

曹工化　《在达与隐之间》　著名文化评论家

傅一平　《海选入西泠》　浙江省“优秀民间文艺人才”，湖州市书法家协会副主席

《精英》系列人物回放

《中华村 奔小康越奔越亮堂》全国模范村民委员会，小康示范村

《林典誉 天降大任丝绸少帅》 香港达利国际集团执行董事，丝绸创二代

《龚昌德 理性与感性思维完美结合》 中国科学院院士，著名理论物理学家，浙江师范大学教授

《吴王楼 大音希声金成王国》 金成房地产集团有限公司董事长，中国房地产十大风云人物

《朱建华 "行遍浙江"的心内科专家》 国内著名心血管专家，浙大一院心内科主任，教授

《李家彪 深海大洋里的远航者》 中国工程院院士，国家海洋二所所长

《朱颖人 人品画品相融合一》 著名画家，中国美术学院教授、研究生导师

蒋梦兰
中国冷却塔之父，浙江省功勋企业家，联丰集团掌门人

《黄海洋 接棒中国冷却塔之父》 浙江联丰集团总经理，优秀青年企业家

《小强热线 公益慈善大使》

《骆梅英 激情满怀的行政法专家》 浙江工商大学法学院党委书记、法学博士

《丁瑜琼 职务犯罪的克星》 嘉兴职务犯罪侦查局侦查处长，全省"优秀检察官"

《许寅 厚积薄发的“钉子”警官》 杭州市公安局治安副支队长，为G20杭州峰会安保做出巨大贡献

《宋建良 依法制胜办案能手》 嘉兴市海盐县反渎职侵权局局长，浙江省“优秀检察官”

《程燕 依法办案与释法说理》 嘉兴市检察院公诉一处检察员，浙江省政法系统先进个人

《陈大可 突破传统的非典型科学家》 中国科学院院士，国家卫星海洋环境动力学国家重点实验室主任

《黄建明 让教育公平真正成为现实》 全国优秀教师，浙江省特级教师

《徐国庆 智勇双全的一线指挥长》 杭州上城公安分局党委委员、治安大队长，G20杭州峰会安保个人一等功

《吴建荣 大胡子伯伯的中南王道》 著名浙商，中南集团党委书记兼董事局主席，全球杰出华人

《郑裕国 产业编织“科研梦”的范儿》 中国工程院院士，教授，浙江工业大学生物工程学院院长

《张辉 常规与自选出牌的侦破高手》 金华市公安局经文保支队支队长，全国公安系统二级英雄模范

《翁燕 “猛女”光明使者》 浙大二院眼科副教授，全院年手术量第一大夫

《童列春 本真本善的法学者》 浙江工商大学教授，浙江省高校民商法中青年学科带头人

《王国校 G20杭州峰会护航大咖》 高速交警杭州支队支队长，全国优秀民警，浙江省G20安保先进个人

《毛筱媛 与学生间的黄金0.3米》 浙江工业大学化工学院党委副书记，全国优秀辅导员

《翁长庆 最快活做自己愿意做的事》 浙江科技学院副教授，中国青年优秀志愿者

《王澍 哲人的思考与匠人的劳作》 中国美术学院教授，普利兹克建筑奖获得者

《吴海燕 巾帼风流东方丝国》 著名服装设计大师，中国美术学院教授、全国优秀教师

《陈青样 任花开花落 云卷云舒》 国家一级美术师,《中国画画刊》主编

《陈亚刚 大医情怀 造福一方》 教授,博士生导师,浙大四院院长

《马长林 20000百姓放心护家人》 湖州公安局罗师庄社区民警,全国公安系统二级英雄模范

《李大鹏 中医制药前沿拓荒者》 中国工程院院士,浙江中医药大学教授

《陈子胄 双栖中西绘画丛林》 油画家,国家二级美术师

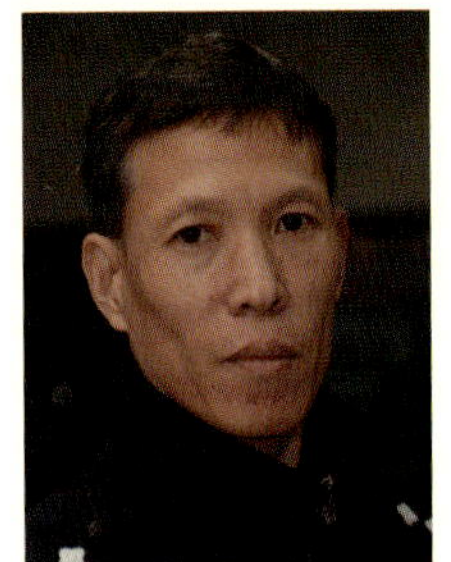
《周丕谦 "特殊"的路况播报员》 浙江省高速交警宁波支队副调研员,全国模范军队转业干部

《韩基正 南朝鲜人的"双城记"》 义乌韩国商会会长

《吴刚 玻璃雕刻艺术萌达达》 中国玻璃艺术大师,浙江省工艺美术大师

《谭灿 春风解民事 柔肩担道义》 嘉兴中院法官,浙江省"三八红旗手"

《马蕾 不忘初心 坚守正义》 嘉兴中院民事二庭庭长

《范悦 法律天平上的铿锵玫瑰》 嘉兴中院刑事二庭副庭长

《张惠谊 执行庭的女汉子》 嘉兴市中级法院执行局局长

《何成兵 司法师者 高能传道》 浙江省警官职业学院副教授,浙江省司法系统百名优秀人物

浙江日报

人文 CULTURE 13-16

浙江文艺院团学习贯彻省委文艺工作座谈会精神

奏响时代主旋律

一叶一帧总关情

《精英2014》进高校

把好农产品安全关

八珍不及野笋香

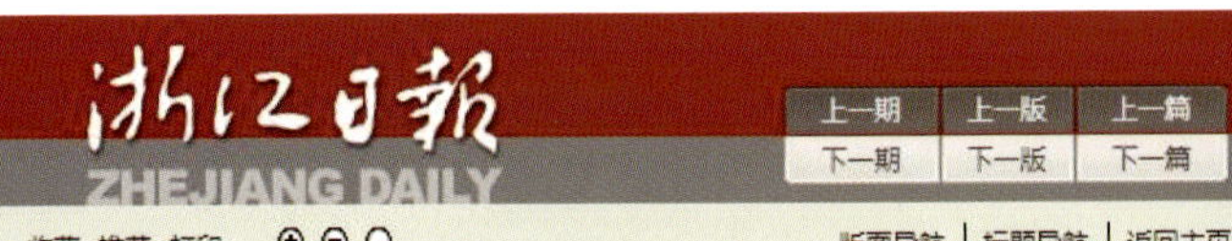

《精英2014》进高校

本报杭州12月22日讯

通讯员 蒋欣如

精英并不是高高在上的人群，只是芸芸众生中的一员。今天，由浙江摄影出版社出版的《精英2014》画册送入了浙江大学、浙江工业大学、浙江工商大学、中国计量学院、中国美术学院、浙江师范大学、浙江中医药大学等多所高校。画册由著名作家王旭烽编撰文字。

《精英2014》的主编、总策划兼主摄影沙德安先生通过长期跟踪采访，选取了活跃在文化界、艺术界、企业界等多个领域的29名浙江翘楚，以图文并茂的方式将他们的模范事迹、精神风貌生动再现。读者能够真切感受到自改革开放以来浙江和整个中国的巨大变化。它要传递给年轻后辈的，是务实、守信、崇学、向善的正能量。

评分

《精英》系列报道高校官网发布精选

杨文采院士：成就得益于科学思维-人民号

人民号——汇聚人民的力量

人民日报

浙江大学：姚克，中国眼科的领路人-人民号

人民号——汇聚人民的力量

人民日报

浙江大学人民号同时发布，总浏览量近两百万。

浙江大学：舒强，儿科医学的“领跑者”，儿童...

人民号——汇聚人民的力量

人民日报

倪一鸣：妙手仁心 大医精诚-人民号

人民号——汇聚人民的力量

人民日报

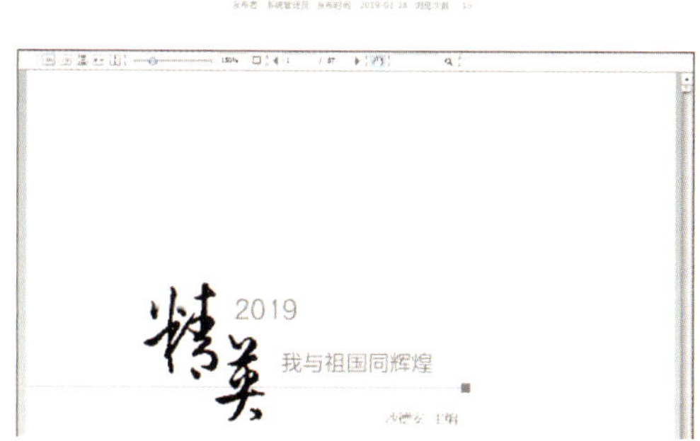

推荐：《精英2019，我与祖国同辉煌》

【发布日期：2019-03-20】【来源：】【作者：】【编辑：】【点击量：3】

联系我们

《精英2019，我与祖国同辉煌》

在线投稿

附件【精英2019.pdf】已下载0次

首页 · 学院 · 教学 · 研创 · 招生 · 师资 · 交流 · 院报 输入搜索的内容

■ 院系导航 | NAVIGATION

- 中国画与书法艺术学院
- 绘画艺术学院
- 雕塑与公共艺术学院
- 跨媒体艺术学院
- 设计艺术学院
- 手工艺术学院
- 影视与动画艺术学院
- 建筑艺术学院
- 艺术人文学院
- 艺术管理与教育学院
- 上海设计学院
- 国际教育学院
- 中德学院
- 继续教育学院
- 专业基础教学部
- 附中
- 思想政治社会科学教学部
- 公共体育部
- 实验教学管理部

高校科研经费使用信息公示　信息公开　书记院长邮箱　旧版网站　学校logo下载区

 图书馆　视觉中国协同创新中心　SIMA　学校章程

沙德安《精英2017》

网页　资讯　问答　视频　图片　良医　地图　百科　英文　音乐

为您推荐 | 反馈：求火线精英是座号　火线精英永久号免费没永久封停　火线精英神器好号

品读《精英2017》,领略龚昌德院士风采| 浙师学人

2017年3月4日 - 近日,我校龚昌德院士入选由《浙江日报》资深记者、编辑沙德安先生主编的《精英2017》。本书是《精英》系列第二集。选取社会各行各业的先锋...

mp.weixin.qq.com/s?__biz=MzA3N... - 快照 - 微信公众平台

黄浦江源| 李家彪、黄建明与青年学生共话时代主题与青年成长

2017年11月2日 - 据悉,本次活动系《精英2017》人物进校园首站。《精英2017》是由浙江日报报业集团资深记者沙德安先生通过长期跟踪采访,聚焦我省在科技、工商...

www.sohu.com>搜狐>教育 - 快照 - 搜狐

【聚焦】获益匪浅!《精英2017》中细品李大鹏院士精神

2017年3月6日 - 近日,我校李大鹏院士入选《浙江日报》资深记者、编辑沙德安先生主编的《精英2017》,在书中展现了他对待中医药事业的执着精神! 本书是《精英...

mp.weixin.qq.com/s?__biz... - 快照 - 微信公众平台

【风采】与精英面对面,离成功更近一点

2017年5月24日 - 本次到场嘉宾还有:浙江省委宣传部理论处干部郑林红先生、浙江中医药大学党委书记孙秋华、《精英2017》执行主编及浙江日报记者编辑沙德安先...

mp.weixin.qq.com/s?__biz=MzAxM... - 快照 - 微信公众平台

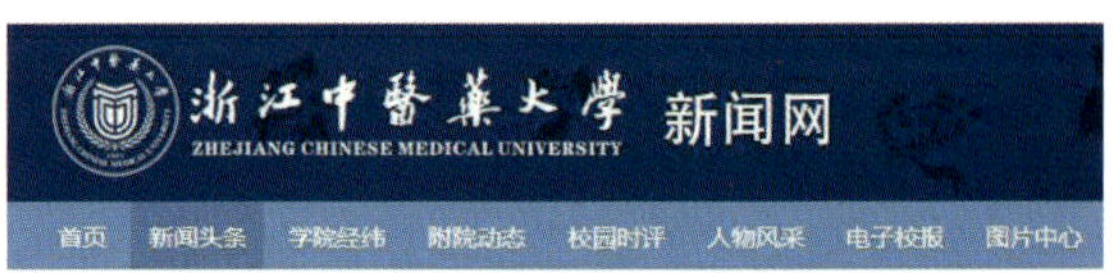

首页　新闻头条　学院经纬　部院动态　校园时评　人物风采　电子校报　图片中心

您的位置：首页 - 新闻头条

远志大讲堂第五十讲——精英与学子面对面

资讯来源：党委宣传部　发布时间：2017-05-25 14:00:27

5月24日的浙江中医药大学富春校区小剧场分外热闹，老师学生济济一堂。远志大讲堂第五十讲迎来了三位精英嘉宾，与我校学子面对面地分享自己的奋斗故事。三位嘉宾分别是：小强热线主持人王志强、浙江中南控股集团董事局主席吴建荣、达利国际集团有限公司执行董事林典誉。

参加活动的领导和嘉宾还有校党委书记孙秋华、省委宣传部理论处干部郑林红、《精英2017》执行主编、原浙江日报记者编辑沙德安等。活动由郭清副校长主持。

活动分两部分进行，先是进行主题演讲。王志强先生率先上场，讲述了《小强热线》背后的故事，并分享了自己的体会，认为生活中最重要的三个品行是：善良、阳光、坚持。除了新闻工作者，王志强先生还是一名公益大使，他强调做慈善不等于给钱，而是真诚的给予每个孩子关爱呵护，通过交流慢慢让孩子感受到温暖。他寄语大学生，应当更阳光，更热爱自己的理想。

吴建荣先生则从创业这个角度切入，分享他的奋斗故事。14岁开始打工，27岁艰苦创业，到现在的行业大咖，他成功的原因有很多，但归结起来主要还是感恩、诚信、创新这三点。同时，近年来他又转型动漫产业，将动漫融入中华民族优秀传统文化，通过动画教育下一代人。吴先生还对在场的同学提出了寄语，希望年轻人能够更加求真务实，踏踏实实掌握一门技术。

林典誉先生分享了他的从事丝绸工作的经历，以自身经验告诉我们无论是做人还是创业都要谦卑，以树根、树叶、果实比喻丝绸文化和产品，分析当下，展望未来。并希望在场的年轻人能

作者简介

媒介一端

浙江新闻客户端：https://zj.zjol.com.cn/news/689269.html

跟拍冯根生近30年 浙报老记者讲述照片背后的故事

2017-07-04 18:32 | 浙江新闻客户端 | 记者 李丹超 刘乐平

浙江日报资深记者沙德安（已离休），与冯根生交往近30年，深得冯老信任，堪称冯老的"御用摄影师"。在青春宝集团对外宣传的照片里，出镜率最高的照片都出自沙德安之手。

在沙德安的镜头里，记录着不同感觉的冯根生，有的意气风发，有的沉吟思索，有的拍案而起……每一张照片背后都有着不为人知的故事。

今天，冯根生走了，我们从沙德安老师那里搜集了一些旧照，藉此缅怀这位"改革家"。

一．上世纪90年代，摄于温岭石塘海滩，冯根生站在海边的礁石上目视远方，有一种壁立潮头冲浪搏击的胸怀。

相关新闻

一代国药大工匠冯根生，走了

各界缅怀冯根生：改革风云三十载 躬耕中药六十年

相关专题

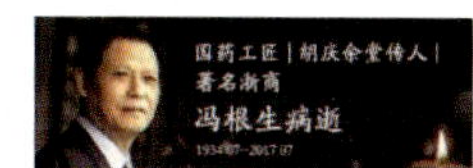

冯根生自述学徒生涯 三十年厂长感悟：先做人 再做事

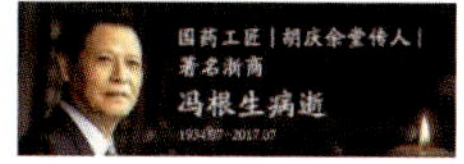

冯根生自述学徒生涯 三十年厂长感悟：先做人 再做事

浙江新闻·更见价值 浙就是我 ‹ 头条 起航号 本地 读报 直播 视频 时局 政社 ›

最新评论 (6)

读友_986264　　0 | 回复
在沙德安的镜头里，记录着不同感觉的冯根生，有的意气风发，有的沉吟思索，有的拍案而起……每一张照片背后都有着不为人知的故事。

读友_1077482　　0 | 回复
看的出小编费心用一组照片展示了不同时期企业家冯根生的风彩，已缅怀冯老先生，使人们难以忘怀他的音容笑貌!

Nachtway　　0 | 回复
经典照片，尤其头一张！

读友_1084677　　0 | 回复
照片拍技很高，个个都是经典

红桃Q　　1 | 回复
每一张照片，就是一个风景，每一张照片，就是一个故事！即要向企业家致敬[点赞][点赞][点赞]更要给摄影记者掌声[鼓掌][鼓掌][鼓掌]

xiongjianghong　　0 | 回复
在海边的照片，非常棒

话说自我

沙德安，资深媒体人，《精英》系列报道执行主编，中国美术家协会会员，国家徐悲鸿奖学金特别奖获得者，西湖摄影艺术研究会常务副会长兼秘书长；浙江师范大学特聘客座教授，浙江科技学院特聘客座教授，杭州青少年活动中心特聘校外活动辅导员。

曾创作出版诸多美术作品，其中《爱国首先要知国》获国家优秀作品奖，被法国政府收购，由国家级出版社出版全国发行并列入中小学必读教材。

担任西湖摄影艺术研究会常务副会长兼秘书长，集聚当代一批摄影艺术家，在实践与理论上做了大量的艺术探索，创作了颇为可观的经典作品。

多年供职于浙江日报报业集团，为资深新闻记者、编辑；发表数百万字新闻报道、新闻特写、新闻述评和美术评论，其中采写的《刘亮事件是怎样发生的》《艺术市场谁主沉浮》《舞台的人生与人生的舞台》等报道轰动全国文化艺术界，引发全国高等艺术院校极大反响；出版数十万字报告文学《桃花源里可耕田》，讴歌浙江丽水云和木制玩具业在历届地方党委政府引领发展下，从小到大，由弱到强，脱贫致富的感人故事，受到社会热切关注。

常年致力于新闻主题摄影，以瞬间定格与文字表达的媒介组合，激活形象思维与逻辑思维的叠加感染，以独特的视角展示科技、工商、政府机关、解放军、教育、文化艺术等各界数百名优秀共产党员及民间翘楚形象（包括党和政府前任领导）：老一辈革命家康克清，中纪委副书记刘锡荣，国务院副总理、外交部长黄华，全国妇联主席彭佩云，全国人大常委会副委员长、香港特区特首董建华；两院院士路甬祥、郑树森、李兰娟、龚昌德；解放军钱钧中将、杜平中将、梁光烈上将；中国联通集团党组书记、董事长王晓初；浙江省委副书记周国富、省委常委组织部长王其超，浙江省副省长卢文舸、副省长李德葆，浙江省高级人民法院院长张启楣；湖州市委书记杨仁争，温州市长钱兴中；社会学家费孝通，上海交通大学校长谢绳武，杭州大学校长郑小明，特级教师徐承南、黄建明；电影艺术家孙道林、秦怡、温碧霞、焦恩俊；中国书画艺术大师费新我、朱颖人、蒋凤白，中国现代著名美术教育家、油画艺术家莫朴，油画艺术家全山石；工艺美术大师吴子熊、稽锡贵；表演艺术家徐玉兰、茅威涛、赵殊珠以及首批全国优秀企业家西湖聚会10位“常青树”“不倒翁”等。

跟踪报道我省改革开放第一波杰出的企业家冯根生、鲁冠球、宗庆后、沈爱琴、徐文荣、竺福江、池幼章、陈励君等大伽，为他们分门别类创作了人物特稿以及专题画册。与此同时，担任《美食家》《创业先锋》栏目主持人，策划一系列采访报道，传播博大精深的中华饮食文化，助推时代创新创业大热潮。

如今秉承世界卫生组织“健康是一种身体上、精神上和社会适应上的完好状态”的定义，践行生理健康和心理健康的完善；阳光向上，勤学不辍，博采众长，具有与时俱进的社会适应能力。为配合高校思政教育，蒙我省诸多高校的邀请，担任了《精英》执行主编，向高校师生和社会受众提供《精英》人物系列报道，传播务实、守信、崇学、向善的正能量。